12星座で「いちばんお金持ちになれる」

牡牛座男子の取扱説明書

監修 アストロロジャー 來夢
櫻井秀勲
著 早稲田運命学研究会

きずな出版

はじめに なぜか気になる牡牛座男子の秘密

自分が欲しいと思ったものは、必ず手に入れる。これが牡牛座男子の特徴です。

他人がそれをどう思うかは、まったく気にしません。「これがいい」という自分の感性にとことん忠実で、そのための労を惜しむことがありません。その感性は「本能」といってもいいほどで、自分にとっての良質なものにこだわります。

だから、それに妥協することがありません。

欲しいものがあっても、たいていの人は、あきらめて「次のもの」でガマンするということがありますが、牡牛座には、それができません。

それが手に入らないなら、代用品など「いらない」のです。

それが、他の人からは理想が高く、頑固《がんこ》に見えます。

普通の人なら、他人の目が気になったり、その場の状況で気持ちが揺らいだり、迷ってしまうことがありますが、牡牛座男子には、それをしない強さと信念があります。それだけ自分の決断に自信があるということです。

良質なものにこだわるのは、よいものを見極める知識と感性が豊かだからです。そのよさを知るからこそ、それを手に入れ、大切にすることができるのが牡牛座です。

パートナーとして見た場合、彼はとても頼もしく、魅力的です。

一緒にいるだけで、あなたはそれまで以上に華やかで魅力的な女性になったような気持ちになれるかもしれません。本能的に質のよいものがわかる彼に影響されて、あなたの感性とセンスも磨かれていくでしょう。

そして牡牛座の男性は、とても温厚です。

星座には、牡羊座から魚座まで12の星座がありますが、女性に安心感を与えるタイプでいえば、牡牛座の男性は、そのナンバーワンに輝くかもしれません。

女性が、パートナーと一緒にいて安心できる条件として、経済的な安定は欠くことができません。「パートナーがお金持ちであるかどうかは関係ない」という女性でも、それでも彼が、定職にも就かず、毎月の家賃の支払いにも困っている、というのでは、安心して二人の関係を築いていくことはできないでしょう。

牡牛座には、経済的に苦労しない、もっと積極的にいうならば、お金持ちになる資質や才能があります。

そんな牡牛座男子に愛されやすいのは、何座の女性でしょうか。二人の関係が発展、持続していくには、どんなことに気をつけていったらいいでしょうか。

恋愛関係に限りません。たとえば、牡牛座男性が、家族だったり、同じ学校や職場、取引先にいたら、彼は、あなたにとって、どんな存在でしょうか。

私はアストロロジャーとして、星の教えを学び、それを私とご縁のある方たちにお伝えしてきました。本書は、そんな私が自信を持ってお届けする一冊です。

この本は私の専門である西洋占星学だけでなく、もう一人の監修者であり、早稲田運命学研究会を主宰されている櫻《さくら》井《い》秀勲《ひでのり》先生の専門である性差心理学の視点からも、男性と女性の考え方の差についても考慮して、「牡牛座男子」の基本的な価値観や資質、行動の傾向が書かれています。

「牡牛座男子」の傾向と対策を知ることで、彼に対する理解が、これまで以上に深まるでしょう。また、それによって、あなた自身の価値観を広げ、コミュニケーションに役立てることができます。

私たちは、誰も一人では生きていけません。自分はひとりぼっちだという人でも、本当は、そんなことはありません。

「人」という字が、支え合っているかたちをしていることからもわかるように、男性でも女性でも、必ず誰かとつながっています。

誰かとつながっていきながら、幸せを模索していくのです。

「おはよう」の挨拶《あいさつ》に始まり、「さようなら」「おやすみなさい」で一日が終わるまで、日常の会話が発生する人、ただ見かける人など、数をかぞえると意外と毎日、いろいろな人に出会っています。

私たちは平均すると、一生のうちに10万人と挨拶を交わすそうです。

長いつき合いになる人もいれば、通りすぎていくだけの人もいます。

とても仲よしの人、自然とわかり合える人など、優しい気持ちでつき合うことができたり、一緒の時間をゆったり過ごせる人も大勢います。

相手のプライベートなことも、自分の正確な気持ちもわからないけど、なんだか気になる、なぜか考えてしまう人もいることでしょう。

誰からも嫌われているという人はいません。それと同じで、誰からも好かれるということも、残念ながらありません。

気の合う人もいれば、合わない人もいる。それが人間関係です。

でも、「この人には好かれたい」「いい関係を築きたい」という人がいるなら、そうなるように努力することはできます。それこそが人生です。

そして、そうするための知恵と情報の一つが、西洋占星学です。


「この人は、どんな人か」と考えたときに、その人の星座だけを見て決めつけるのは乱暴です。「牡牛座」には、牡牛座らしい傾向というものがありますが、それは、彼の一面にすぎません。

ここでいう「牡牛座男子」というのは、「太陽星座が牡牛座」の男性のことですが、西洋占星学は、その人の傾向をホロスコープで見ていきます。

本文で詳しく説明していきますが、ホロスコープは、「太陽」「月」「水星」「金星」「火星」「木星」「土星」「天王星」「海王星」「冥王星」の10の星を見ていきます。生まれたときに太陽が牡牛座にあった人が、「牡牛座」になりますが、太陽星座が牡牛座でも、月星座が何かによって、その性格は違って見えます。

「私の彼は牡牛座だけど頑固というのとはちょっと違う」という場合には、太陽星座よりも月星座の影響が強く出ている可能性があります。逆にいえば、月星座が牡牛座の人は、太陽星座が牡牛座でなくても、牡牛座らしさが強く出ることもあります。

また、「お金持ちになる気配は、まったくない」という牡牛座男子もいるかもしれませんが、それは、牡牛座が成功するために不可欠なものが、いまは用意されていないために、うまくいっていない可能性もあります。本文では、それが何かということにも言及しています。

本書は、「牡牛座は○○な人だ」と決めつけるものではなく、その星の人が持ちやすい本能といえるような特徴などを理解して、その人とよりよい絆を築くことを目的として出版するものです。

あなたの大切な人である「牡牛座男子」のことをもっと知って、いい関係をつくっていきましょう。

アストロロジャー
來　夢

安全上のご注意

牡牛座男子と、よりよい関係をつくるために

・『牡牛座男子の取扱説明書』は牡牛座男子の基本的な考え方、行動パターンなどをもとに、あなたとよりよい関係性を築くことを目的としております。牡牛座を含め、すべての星座の男子に対して、理解と優しさをもって接してあげてください。

・牡牛座男子及び他のどの星座であっても、最初から決めつけたり、相手の存在や気持ちを無視するような行為はやめましょう。

・牡牛座男子もあなたと同じ感情や思考を持つ人間です。意見が合わないとか、気持ちのすれ違いなど、あなたの価値観と多少の不具合が生じ

るかもしれません。可能なかぎり広い気持ちで接してあげることを心がけましょう。

・自分が牡牛座男子の場合

この本の内容のような印象で、周囲はあなたのことを見ている場合があります。それはあなたにとって思ってもみないこともあるかもしれませんが、どうぞ参考としてご活用ください。

身近な指摘で納得したとき、自分で気になる点などありましたら、改善をご検討ください。

すでに何かの部分で不具合などが生じていた場合は、この本の注意点をぜひご活用いただき、あなたの言動の改善にお役立てください。

★目次

2 Basic Style
牡牛座男子の基本

3 Future Success

牡牛座男子の将来性

4 Love

牡牛座男子の恋愛

5 牡牛座男子との相性

Compatibility

7 Maintenance
牡牛座男子の強みと弱点

8 Option 牡牛座男子と幸せになる秘訣

12星座で「いちばんお金持ちになれる」牡牛座男子の取扱説明書

執筆協力＝Julia☆

1

Start Up

西洋占星学と12星座について

12星座の始まり

西洋占星学は紀元前の昔から続いてきた

この『12星座で「いちばんお金持ちになれる」牡牛座男子の取扱説明書』は、西洋占星学の12星座の牡牛座の研究をもとにしています。

西洋占星学のなかの12星座ですが、日本では1950年頃から研究が一挙に進み、現在多くの優秀な占星術師により、もっとも信頼の置ける占術となっています。

早稲田運命学研究会会長の櫻井秀勲は1960年頃、「週刊　女性自身」の編集部に配属になったことで、そこに恐らく日本初の西洋占星学のページをつくっています。

それ以後、12星座占いは次第にポピュラーなものになっていき、女性で自分の星座名や性格、特徴を知らないという人はいないといってもいいほどです。

この12星座のもとになった西洋占星学は、はるか昔、紀元前の頃から始まっています。始まりについてはさまざまな説がありますが、世界最古の文明である紀元前5000〜3000年頃のメソポタミアの時代に生まれたという説もあります。

ここで重要なことは「文明が興《おこ》ると占いも起こる」という点です。

これは中国でも同じで、人間は占いなしでは生きられないのです。いや、日本でも武将や貴族たちは、占いを日常的に活用することで、人間の和を保ってきました。

そのようにはるか昔からの長い歴史のなかで、星の動きと自然現象、人間の運命などと結びつけ、細かい情報や研究が受け継がれて、いまのようなかたちになりました。

それだけに、この占いは正確です。

遊び半分の気持ちで読むのは、もったいない。あなた自身の一生を決めるかもしれない情報と知識が入っている、と思って参考にしてください。

ホロスコープと星の読み方

この地球に生まれた瞬間の星の位置を知る

西洋占星学は、12星座だけでなくいろいろな情報をあわせて読んでいきます。

・12星座
・10の惑星（天体）
・12で区切られた室（ハウス）

と、最低でもこれらの星と、その星の位置と角度の情報を、一つの円のなかに描いたものがホロスコープ（天体図）といわれるものです。

このホロスコープをつくり、それを読み解くことで、その人の生まれもった資質と運命を知ることができるのです。

ホロスコープ（天体図）のなかには、その人の生まれた日にちと、生まれた時間と

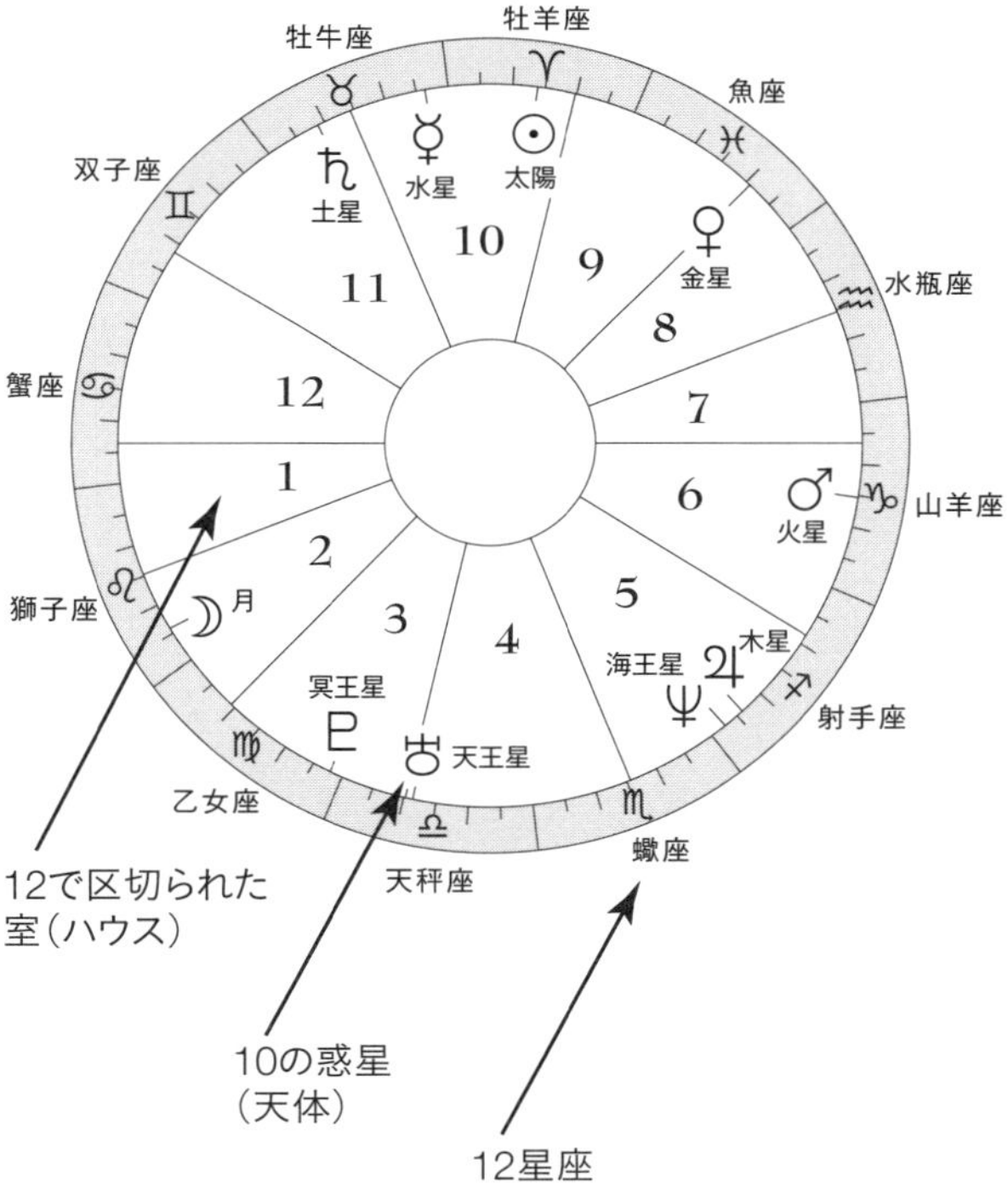

◉ホロスコープ（天体図）の基本

・いちばん外側が12星座
・その内側が10の惑星（天体）
・円の内側の数字は12で区切られた室（ハウス）

場所による星の配置が描かれます。それは、あなたがこの地球に生まれた瞬間の宇宙の星たちの位置ということになるのです。

あなたがこの地球で生きていくために、もって生まれた才能、起こりうる未来の可能性などを記された人生の地図として活用できます。

かつてイギリスとフランスの王宮には、その国の最高にすぐれた占星術師（アストロロジャー）が召し抱えられていました。いや、いまでもいるという話もあります。

それこそ、世界の崩壊を予言したノストラダムスや20世紀最高の占い師とされた天才キロも最初、王宮で認められたのです。

これらの占星術師は王子、王女が生まれると、王から命じられて秘かにこの方々の一生の天体図をつくり上げ、そこには死ぬ年齢と時期までもが書かれていた、といわれます。

それほど当たるということなのです。

この人生のホロスコープを上手に読んでいくと、たとえば自分の苦手とすることや好きなこと、得意なこともわかります。

あなたが好きなことや得意なことがわかると、自信を持って、どんどん才能として伸ばしていくこともできます。

また、苦手なことや不得意なことは、あなたの人生のなかで必要か必要でないかを、あなた自身で克服したり、挑戦したり、もしくは知らなかったことにして、スルーするという見極めもできます。

この本では牡牛座男子とつき合っている、あるいはつき合うかもしれないあなたを中心に、参考になる情報を提供していきましょう。

守護星となる10の天体（惑星）

これから起こる人生のテーマを教えてくれる

10個の天体（惑星）とは、次の通りです。
ここで大事なことは、占星学では太陽も月も惑星と見なしていることです。

天体（惑星）	記号	意味
太陽	☉	活力・強固な意志・自我・基本的な性格
月	☽	感受性・潜在意識・感情の反応パターン
水星	☿	知性の働かせ方・コミュニケーション能力
金星	♀	愛・美・嗜好・楽しみ方
火星	♂	勇気・情熱・開拓・意志と行動の傾向

木星	♃	発展・拡大・幸せ・成功
土星	♄	制限・忍耐・勤勉
天王星	♅	自由と改革・独創性
海王星	♆	直感力・奉仕
冥王星	♇	死と再生・洞察力・秘密

この10個の天体（惑星）はすべての人のホロスコープにあり、その人の持つ人格や個性のエネルギーを表します。

具体的にどのように表しているかというと、この10個の天体（惑星）は、それぞれが違う速度で進んでいます。違う速度で移動しているので、その天体（惑星）がどの場所にいるかで星座もそれぞれ違ってきます。

たとえば太陽の部分の星座は牡牛座であっても、月の星座は双子座、水星の星座は蟹座というように、10個それぞれ違う星座の人もいれば、2個は同じ星座だけど、残りの8個は違う、というように一人の人でもいろいろな星座の要素を持っています。

このように、その人の個性というのは、いろいろな星座の性質で成り立ち、日常の言動となって表れてくるわけです。

一人の人のホロスコープは、その人の生まれた日にちと時間と場所の情報でつくります。生まれた時間のその瞬間の星の位置になりますが、実際にこの10個の天体（惑星）は常に動き続けています。いまも動き進んでいるのです。

生まれた瞬間の天体（惑星）と、いまの天体（惑星）の位置関係、そしてこれからも進み続ける天体（惑星）の位置関係を読むことで、これから起こるその人のテーマを知ることができるのです。

いま動いている10個の天体（惑星）と、これからの10個の天体（惑星）の動きは、現代では計算されて、書籍やインターネットなどでも知ることができます。

これからの10個の天体（惑星）の動きがわかると、あなたにこれから起きるテーマまでわかってしまうのです。

たとえば、結婚のタイミング、仕事での成果が得られるタイミングなどもわかってしまいます。結婚のタイミングがわかっているのに彼氏がいない……。というとき、あなたならどのような行動をしますか。

できるだけ自分の理想の相手を見つけようと、婚活パーティなどへ参加したり、お見合いをしたり、という行動をするかもしれません。

もしくは、今回のタイミングはあきらめて次回のタイミングが来るまで、もう少し準備しようとするかもしれません。その選択と覚悟が事前にできるのです。

仕事の成果でも同じです。せっかくいままで積み上げてきた成果が出るタイミングが、たとえば2年後だとわかると、その2年間にもっともっと成果を上げようとがんばるかもしれません。でも2年後に成果が得られるのだったら、それまで適当に過ごそうとサボってしまうかもしれません。

同じタイミングでも、その人の行動と感じ方、考え方次第で未来の姿や得るものも違ってくるのです。

この本では牡牛座の個性にフォーカスしていますが、今後あなたが自分のホロスコープを見る機会があるときは、あなたの未来のテーマとタイミングもぜひ、あわせて見てください。

そしてそのタイミングに合わせて計画を立てたり、実際に行動を起こすと、チャンスをつかみ損ねることがなくなります。また同時に覚悟もできるので、不運や思いがけない出来事に遭遇しても、振りまわされることがなくなります。

自分の個性と未来のタイミングを知り、自分の人生を満喫していきましょう。

生きる意思や基礎になる太陽星座

太陽星座が牡牛座の男性は理想が高く頑固なタイプが多い

テレビや雑誌などでよく知られている12星座占いは、「○月○日生まれは○○座」というように、生まれた日にちで星座がわかるように表しています。

本来、西洋占星学は、生まれた日にちだけの星座だけでなく、10天体（惑星）を総合的に読みますが、そのなかでも、生まれた日にちの星座は、生きる意思や基本となる資質などを表すため、とてもわかりやすくその人の特徴を知ることができます。

また10天体（惑星）の太陽の部分でもあるので、「太陽星座」ともいわれます。

この太陽星座というものは、その人がどのようにして、いまの人生をこの社会で生きていくか、どのような生き方をするかという、その人の社会的人生の基礎となる部分であり、基本となる性格を表しています。

たとえば、生まれた場所や環境は違っても、牡牛座生まれの男性は温厚で、のんびりタイプ、こだわりが強いという共通点があります。本人は隠しているつもりでも、なかなか隠しきれず、周囲の人は彼に対して同じような印象を持っていることが多いでしょう。

生まれた地域や家庭環境、出会う人や関わる人の違いがあるにもかかわらず、同じ星座の人は同じような言動になってしまうのです。

太陽星座というだけあって、太陽のまぶしい輝きのように、その人はその星座らしくあるときがいちばん輝き、その人らしくいられるのです。

【12の星座】（日にちは二十四節気の中気を目安に、生まれた年によってずれる場合があります）

牡羊座――3月21日（春分）～4月20日生まれ

牡牛座――4月20日（穀雨《こくう》）～5月21日生まれ

双子座――5月21日（小満《しょうまん》）～6月21日生まれ

蟹　座──6月21日（夏至《げし》）〜7月22日生まれ
獅子座──7月23日（大暑《たいしょ》）〜8月22日生まれ
乙女座──8月23日（処暑《しょしょ》）〜9月23日生まれ
天秤座──9月23日（秋分）〜10月23日生まれ
蠍　座──10月23日（霜降《そうこう》）〜11月22日生まれ
射手座──11月22日（小雪《しょうせつ》）〜12月21日生まれ
山羊座──12月22日（冬至《とうじ》）〜1月20日生まれ
水瓶座──1月20日（大寒《たいかん》）〜2月18日生まれ
魚　座──2月18日（雨水《うすい》）〜3月20日生まれ

※（　）内が二十四節気の「中気」となります。

感情のパターンを表す月星座

同じ牡牛座男子でも印象が少しずつ違う理由

太陽は昼間を明るく照らし、月は夜の暗闇の静かな時間に輝きます。明るい部分と影の部分、そんな太陽と月のように、人もまた表の部分だけではありません。月にあたる影の部分も同時にあるのです。

影の部分といっても暗いということではなく、隠された部分ということです。そんな表と裏が一つになることで、その人の人生の豊かさや広がりが出てきます。

このように、人の「もう一つの顔」を表す星として、太陽星座の次に、その人の人生に強く影響を与えるのが月星座です。

太陽星座がその人の社会での行動や基本になる人生の表の顔だとしたら、月星座は内面の潜在的な心の動きを表します。

この「月星座」は、その人が生まれたときに、月がどの位置にあったかということで決められています。

月星座が表すものは、その人の感受性や感情のパターンです。

太陽が生きる意思であり、社会的な生き方である反面、月は感受性や感情という、その人の見えない、隠れた部分となります。

「感じる」というのは日常のなかで誰もが持つ感情です。

喜び、悲しみ、怒り、あきらめ、驚き、嫌悪などの感情は、一日のなかでもさまざまに動いていくでしょう。

でも感じたことは、言葉にしない限り心にしまわれて、表に出ることはありません。

それだけ外には見せない「本音の自分」であるともいえます。

その感情の持ち方にも12星座の特徴がそれぞれあてはめられており、感じ方がその月星座特有の性質となります。

たとえば、見える部分の太陽星座が牡牛座でも、感情の月星座は違う星座という場合もあるのです。社会的にはこだわりの強さが出ても、内面はあっさりしているという人もいることになります。

月は10個の天体（惑星）のなかでもっとも動きの速い星です。約2.5日で次の星座へ移動します。夜空の月のかたちを見てもわかるように、日に日にかたちをかえて移動していきます。

ところで生まれた日の月のかたちがホロスコープをみるだけでもわかります。

たとえば、生まれた日の太陽（☉）と月（☽）の位置がほぼ重なっていたら、新月生まれとなります。つまり、太陽星座も月星座も牡牛座だという人は、新月に生まれた人です。

また、生まれた日の太陽（☉）と月（☽）の位置が真反対の１８０度の位置の場合、つまり太陽星座が牡牛座で月星座が蠍座の人は満月生まれとなります。これについては『月のリズム』（來夢著、きずな出版刊）で詳しく書かれています。

1ヶ月の間でも、月は日々位置とかたちを変え動いています。それだけ動きの速い月なので、太陽星座が同じ牡牛座生まれでも、月の位置によって月星座は違ってきます。

太陽星座と月星座が同じ牡牛座の場合は、生きる意思と感情が同じ星座なので、迷うことなく牡牛座らしい生き方と感じ方ができます。

反対に太陽星座が牡牛座で月星座が蠍座の場合は、外見は牡牛座らしく見えるけど、感情面で蠍座の要素が含まれてきます。

このとき、二つの異なる星座の要素が一人のなかに存在するという状態なので、一見、牡牛座に見えていても、その人の内面では生きる意思とは違う星座の性質も心のなかで表れてくるので、葛藤や迷いが生まれています。

この葛藤や迷いという感情は、その人だけが感じることであり、周囲の人にはわかりにくいものです。

「月星座」はインターネットなどで調べることができます。

調べるときは、生まれた日にちだけでなく、生まれた時間がわかると、より正確な情報が得られます。月は動きが速いので、少しの時間の差で月星座が違う星座となる場合があるのです。

でもどうしても時間がわからない場合には、生まれた日にちの正午として調べることもできますので安心してください。

次に月星座の性格と特徴をあげてみましょう。

【月星座の性格と特徴】
牡羊座：目標に向かって積極的に突き進むことのできる、熱いハートの持ち主。
牡牛座：温厚でマイペース、おだやかで感受性豊かでこだわりが強い。納得がいかないことには頑固。恋愛に対しては純情で独占欲が強い。
双子座：好奇心が強く器用、言語や情報を扱うことを好む。気まぐれで二面性を持つ。

蟹　座：愛情が深く世話好き。感情の浮き沈みが激しく仲間意識が強い。
獅子座：明るく陽気で創造力豊か。自信家でプライドが高い。
乙女座：繊細で清潔好き。分析力が高く、几帳面。他者への批判精神もある。
天秤座：調和を重んじ、常に品格を意識する。対人関係においてもバランス感覚抜群。
蠍　座：隠しごとや秘密が得意。嫉妬心や執着心が強く、真面目でおとなしい。
射手座：精神的成長や探求を好み、自由を愛する。移り気で飽きっぽい。
山羊座：管理能力と忍耐力がある。出世欲を持ち、堅実的な計算能力が高い。
水瓶座：独創的で、楽天的。多くの人やグループとのつながりや交流ができる。
魚　座：感受性が豊かで優しさにあふれ、涙もろい。自己犠牲的な愛情の持ち主。

太陽星座の牡牛座と月星座の関係

彼の月星座は何ですか？

牡牛座の基本となる性格に、月星座が加わることで同じ牡牛座でも、感情の部分の違いがはっきりとわかります。太陽星座に月星座を組み合わせることで裏の顔がわかるということです。

太陽星座が牡牛座男子を、月星座別の組み合わせで、その特徴を見てみましょう。牡牛座の基本的な性格から見れば思いがけない彼の一面のナゾも、これによって納得できるかもしれません。

なお、この特徴は男子だけでなく、牡牛座女子にも当てはまります。

【太陽星座が牡牛座×各月星座の特徴】

牡牛座×牡羊座：勇気があり、行動力と忍耐力で目標を達成する自己中心型。
牡牛座×牡牛座：温厚で所有欲が強く、感性が豊か。こだわりが強く頑固。
牡牛座×双子座：現実主義で他者の感情に鈍感。頑固と軽さの二面性を持つ。
牡牛座×蟹　座：愛情と独占欲、支配欲が強く、固執した価値観を持つ。
牡牛座×獅子座：創造性が豊かで現実的。自己主張が強く強引なリーダーに見られがち。
牡牛座×乙女座：金銭欲と物欲が旺盛。細かい金額から大金まで確保する。
牡牛座×天秤座：常に理想を追い求める。社交的でロマンティックな芸術家。
牡牛座×蠍　座：強情で警戒心が強く、洞察力とカリスマ性を持つ。気難しい面も。
牡牛座×射手座：気まぐれで探究心と実務能力を持つ。興味のあることに勤勉。
牡牛座×山羊座：現実的で責任感があり、安定を確保する能力が高い堅実家。
牡牛座×水瓶座：博愛で、革新的な考えと明確な価値観、高い理想を追求する。
牡牛座×魚　座：心優しく柔軟な心と頑固な面を持ち、常に夢と理想を追求。

星のパワーを発揮する10天体の関係

12星座は守護星に支配されている

12星座は、それぞれ10の天体が守護星となっています。

この守護星は「支配星」や「ルーラー」とも呼ばれており、12星座の基本的な特徴に、10の天体の表す性質が影響を及ぼすことになります。

占星術の長い歴史のなかでも、初期の頃は太陽・月・水星・金星・火星・木星・土星という7つの星が守護星だと考えられており、その後、天王星・海王星・冥王星が発見され、占星学のなかに組み込まれました。

次頁の表では2つの守護星を持つ星座がありますが、（　）内は天王星発見前の7つの天体の時代に当てはめられていたもので、天王星発見後も副守護星として取り入れられています。

◉12星座と10天体（惑星）

12星座	守護星：天体（惑星）	守護星が表すもの
牡羊座	火 星	勇気・情熱・開拓・意志と行動の傾向
牡牛座	金 星	愛・美・嗜好・楽しみ方
双子座	水 星	知性の働かせ方・コミュニケーション能力
蟹　座	月	感受性・潜在意識・感情の反応パターン
獅子座	太 陽	活力・強固な意思・自我・基本的な性格
乙女座	水 星	知性の働かせ方・コミュニケーション能力
天秤座	金 星	愛・美・嗜好・楽しみ方
蠍　座	冥王星	死と再生・洞察力・秘密
	（火星）	勇気・情熱・開拓・意志と行動の傾向
射手座	木 星	発展・拡大・幸せ・成功
山羊座	土 星	制限・忍耐・勤勉
水瓶座	天王星	自由と改革・独創性
	（土星）	制限・忍耐・勤勉
魚　座	海王星	直感力・奉仕
	（木星）	発展・拡大・幸せ・成功

蠍座・水瓶座・魚座が、２つの守護星を持っていることになるのです。

そしてこの守護星のそれぞれの特徴は、表のように12星座に強く影響します。たとえば牡牛座は金星の持つ愛・美・嗜好・楽しみ方というパワーを発揮しやすい星座となります。

牡牛座男子は、自分なりのこだわりがあるのが特徴ですが、それこそが金星の影響を受けている証です。同じ金星を守護星に持つ天秤座にもいえることですが、どちらも「美しいもの」に惹かれ、また、それを見抜く目を持っています。

2

Basic Style

牡牛座男子の基本

牡牛座男子の特徴

こだわりが強く慎重！

ではいよいよ、牡牛座男子の性格の特徴を調べてみましょう。

西洋占星学では春分の日（3月21日頃）を一年の始まりの日としています。春分の日から始まる牡羊座が12星座の始まりの星座であり、その次である2番目の星座が牡牛座となります。

始まりの星座である牡羊座はとても勢いのある野性的な性質ですが、その次に来る牡牛座は牡羊座とはまったく違います。

たとえば牡羊座は考える前に行動を起こしがちですが、牡牛座は行動に移す前に一度考え、判断し、動くと決めてから、それを実行に移します。

いったん行動すると決めたら一直線、とはいかないところも牡牛座男子の特徴です。

「本当に、この道でいいのか」

「このまま続けていいのか」

ということを何度も確認していきます。それはまるで、牛が一度飲み込んだ食べ物を再び口の中に戻して、再咀嚼《そしゃく》するのに似ています。

他の星座の人にとっては、なんとも焦《じ》れったく、ときにはイライラしてしまうことがあるかもしれません。

でも、それをものともしないのが、牡牛座です。

牡牛座は、「牛」のイメージそのままに、温厚でのんびり屋さんです。なにか始めようというときにも、他の人よりもワンテンポ遅れて立ち上がるようなところがあります。

牡牛座からしてみれば、どうして急がなければいけないのか、と言いたいかもしれません。人に合わせようとは、あまり考えていません。

けれども、だからといって、自分さえよければいいと思っているのかといえば、そうではありません。

牡牛座にとって、おだやかに過ごすことはとても大切です。そのため、争ったり、競ったりというのは、できれば避けたいことで、実際、人あたりもよく、優しい印象を人に与えます。

誰ともぶつかることなく人間関係を築いていくので、「自分のこだわり」というものがない人なのかと思われることがありますが、じつは12星座でいちばん自分のこだわりを持っているのが牡牛座だといっても過言ではありません。

牡牛座は、表面的には柔和《にゅうわ》で、他の人に異を唱えるようなこともしませんが、内面では、強いこだわりを持ち、それを曲げることはない。これが、牡牛座が「頑固」だといわれる所以《ゆえん》です。

それがわかって牡牛座とつき合ってみると、「ゆったりした行動」にも納得がいきます。

何事にも慎重な彼は、「失敗したくない」という気持ちから、他人から見ればワンテンポ遅れることになってしまうのです。けれども、遅れてしまう本当の理由は、行動に移す前に、段取りや効率などを考え、より確実なものを求めているからなのです。

牡牛座は、「自分の欲しいもの」が明確で、その欲しいものは必ず「自分のもの」にすることができます。夢をかたちにできるのが、牡牛座の素晴らしい才能です。

また、牡牛座は五感（味覚・嗅覚・視覚・触覚・聴覚）が大変すぐれています。これは12星座の中でトップクラスです。

牡牛座にとって、

「おいしいもの」

「よい香り」

「美しいもの」

「肌触りのよいもの」

「心地いい音楽」

など、「自分がいい」と体感できるものが、日々の生活では最優先されます。

この感覚はあくまでも、自分がそう感じることが大事なのであって、他人にはどうかというのは彼には興味のないことです。

たとえば鞄を買うというときにも、見た目や品質、機能性など、自分がいいと思うことが優先されます。

ものを買うときに、自分が気に入るものを選ぶのは当然のことともいえますが、その基準は人によってまちまちです。

「いま人気があるから」とか「値段が安いから」あるいは「値段が高いから」というような理由で、「これを買おう」と決めている人が多いのではないでしょうか。

牡牛座男子がものを買うときに、流行や価格を気にすることはありません。

だからといって、自分が気に入ったものを何でもかんでも買うというわけではありません。むしろ、買うか買わないかで悩んだときには、買わない選択をするのが牡牛座男子の特徴です。

それはどういうことかといえば、自分がいいと思えないものにお金を出すことはしないのが、彼の信条だからです。

あらためて、牡牛座男子の持ちものを見てみましょう。彼の持っているものには、案外ブランドものが多いかもしれません。あるいは、専門店で購入したものなど、なにか彼なりのこだわりをもって選んだものでしょう。

いわゆる「ブランド好き」には牡牛座が多いのですが、「質のよいものにこだわったら自然と高級なものになってしまった」というのが、その理由です。

自分が選んだ、こだわりの逸品を大切に使い続けるわけですが、それこそブランドものの本当の価値をわかっているからこそといえます。

牡牛座男子は、人がなんと言おうと、自分の感性に合うものをとことん追求していきます。それを探すための努力は、彼にはなんでもないことです。どうしても見つけられなかったり、自分にとってしっくり来るものがなかったりというときには、自分でつくったりしてしまうほど、強いこだわりを持っています。牡牛座が「理想が高い」といわれる所以ですが、それだけ所有欲が強いということもいえます。

美しいもの、かっこいいと思うものを、ただ見ているだけでは牡牛座は満たされません。それを自分のものにすることにこそ、牡牛座のこだわりがあります。

そのこだわりを仕事にも恋愛にも貫くのが、牡牛座男子の特徴といえるでしょう。

では、そんな理想を常に追い求める、牡牛座の基本的な性格を見てみましょう。

【牡牛座男子の基本】
守　護　星：金星
幸運の色：ブルー・ベージュ
幸運の数：6
幸運の日：6日・15日・24日
幸運の石：サファイヤ・エメラルド
身体の部位：耳鼻咽喉、食道、あご、首
そ　の　他：地面（大地）・植物・金曜日

【牡牛座男子の資質チェックシート】

□ 頑固である
□ 臆病なところがある
□ のんびりしている
□ 発言が少ない
□ こだわりが強い
□ わがまま
□ 争いが嫌い
□ 忍耐強い
□ 責任感が強い
□ 清潔好き

資質チェックシートで3つ以上「✓」があれば、「牡牛座」の典型男子といえます。

「彼には、まったく当てはまらない」という場合には、彼には「太陽星座」以外の惑星の影響が強く出ているということがいえます。

前にホロスコープについて書きましたが、人が生まれたときの星の位置によって、それぞれの性格や資質といったものの傾向を見ていくのが西洋占星学の基本です。

彼が「牡牛座」だというのは、太陽星座が牡牛座だということですが、それは、生まれたときに太陽が牡牛座の位置にあったということです。

そして、人の性質の傾向は太陽星座に大きく影響されますが、人はそう単純ではありません。同じ日、同じ時間に生まれた双子でさえ、その性質には違いがあります。それはもちろん西洋占星学だけでは説明のつかないこともありますが、その人の詳細なホロスコープを見れば、その違いがわかります。

同じ牡牛座でも、みんなが同じということはありません。

たとえば前でも紹介した月星座を見ることでも、また別の分類ができます。

人によっては、あるいは同じ人でも、つき合う相手との関係においては、太陽星座よりも、月星座の性質が強く出ることがあります。

また、彼が「牡牛座男子の資質チェックシート」でチェックが少なかった場合に考えられるのは、彼があなたに、まだ本当の姿を見せていないということがあるかもしれません。

自分の感性を大切にする牡牛座ですが、それは「ひらめき」や「直感」というより、自分のなかの「分析」によって得られた結果で、それを判断します。

対人関係においても同様で、牡牛座は、相手を信頼できると判断するまでは、自分の素直な気持ちや考えを表情に出したりすることはありません。その意味では、本心がわかりにくい星座でもあります。

彼の本音はどこにあるのか。それを探り、理解していくこと。それが彼とのよりよい関係を築き、また彼の「お金持ちになる」要素を引き出すことになっていきます。

牡牛座男子のキーワード

意志が強い！　温厚！　堅実！

あなたは自分の性格がよくわかっていますか？

その性格は親からの遺伝によるところも大きいでしょうが、親とはまったく似ていないという人も大勢います。

ではその性格はどうやって形づくられたものかといえば、それは生まれたときの宇宙の環境、つまり星の位置によるものだといっていいでしょう。

12星座にはそれぞれ性格の特徴があります。

牡牛座男子もよいところ（長所）がたくさんありますが、そのよいところが過剰に表れてバランスを崩してしまうと、一挙に短所にもなります。

［長所］　　　　　　　　　［短所］
意志が強い　　　　↕　頑固
温厚である　　　　↕　鈍感
五感にすぐれている　↕　理想が高い
慎重に判断する　　↕　行動が遅い
堅実・着実である　↕　ケチ・独占欲が強い

たとえば、牡牛座はとても温厚です。第一印象では女性から見ると、優しく何でも受け入れてくれそうな雰囲気を感じるでしょう。確かに牡牛座はおだやかで、おっとりしています。人あたりもよいので安心感があります。

牡牛座男子の第一印象としては、表面上は友好的で、優しい人という印象を持つ人がいちばん多いでしょう。それが、つき合いが長くなったり、近い関係になったりすることで、本音の部分が出るようになります。

何事においても牡牛座はのんびりで、ゆっくりです。

牡牛座は相手のことや、その場の状況を慎重にうかがっています。自分が安心できる状況なのかを把握するまで、時間がかかってしまうのです。

とっさのときに気のきいたことを言ったりするのは、得意ではありません。だから、ときには、あなたをがっかりさせるような言動をとってしまうことがありますが、それは牡牛座の慎重さから来るもので、それだからこそ、人に信頼されるということもあります。

牡牛座は、五感は発達しているのですが、行動は遅く、鈍感なのです。

行動は遅いものの、着実に自分の目標には進んでいき、成果を必ず獲得します。

多少の困難も乗り越えて貫いていく牡牛座の意志の強さは、力強いものがあります。

理想が高く納得しないことは受け入れない性格でもあり、とても頑固なのです。

感性にすぐれているのは牡牛座の素晴らしい才能ですが、この自分が持つ感性を中心に物事を判断するため妥協はいっさいできません。

たとえば女性に対する外見の美しさ、ちょっとした仕草や動作の美しさは、自分のパートナーを選ぶときには絶対といっていいほど、こだわりが強くなります。

派手な美しさや、多くの人から認められる美しさよりも、自分の好みにぴったり来るものを追い求めるため、自然と理想が高くなってしまいます。

そして、慎重な判断ができる牡牛座は、決して軽はずみな行動はしません。堅実で着実なことを好むので、自分が納得いかないことや無駄だと判断したことに手を出したくないのです。表面上は、ほかの人と合わせようとしますが、内面では納得いかないことは断固として受け入れていません。

融通がきかないのも、消極的に見えることも、牡牛座にとっては大した問題ではありません。牡牛座男子は自分の感覚とペースが、いちばん大切なのです。

欲しいものを手に入れるための努力を惜しまない牡牛座は、手に入れた「自分のもの」は大事にします。それらは、自分の努力の成果であり、自分が勝ち取ったものなのです。

それゆえに、自分が一度手に入れたものは、自分から手放すことはありません。

「牡牛座の人はケチだ」と思う人もいるかもしれませんが、それは、自分の大切なものを守りたいがための所有欲と独占欲が強いからです。

牡牛座男子は安全で安心感があるので、夫として頼れる魅力も実力も備えています。

彼と結婚すれば、あなたを大切に守ってくれます。

けれども、そのかわりというわけではありませんが、頑固な彼を受け入れ、マイペースな彼に合わせていくことを強《し》いられることになるでしょう。

会社や外では温厚なイメージで通せますが、心を開いた人や身近な人にはわがままを平気でいいます。年上の女性などは、この牡牛座男子のわがままが可愛く思える人もいるでしょう。もしあなたが牡牛座男子の大切な存在になったら、彼のわがままも受け入れ、できるだけ温かい気持ちで接してあげることが課せられる、というくらいの覚悟が必要です。

神話のなかの牡牛座

愛の物語に牡牛座の特徴が表れている

夜空に広がる星たちは、星座としてさまざまなかたちをつくっています。その星たちに人物や生き物を当てはめて、多くの神話として語り継《つ》がれています。あるときは勇者であったり、あるときは動物や鳥などの生き物、また日常で使う道具などであったりします。

現代では夜も暗くならない都会や、空気の悪い場所では、星そのものが、とても明るい光を放つ星以外、星座というかたちで見られる機会は、少なくなってきています。でもその受け継がれた話があるからこそ、現代でも私たちは、夜空の星座を見つけ出せるのです。

語り継がれた神話は、12星座の牡牛座にもあります。

牡牛座に関するギリシャ神話は二つあります。

面白いことに、そのどちらとも、全知全能の神といわれるゼウスが美しい娘に一目惚れするという内容です。

一つは、ある日、天上からゼウスが下界を見下ろしたとき、フェニキア（古代、地中海東岸に発展した民族と国家）の美しい人間の王女エウロペに恋をしました。そしてゼウスはエウロペに近づくために美しい白い牛に姿を変えました。

エウロペはその美しい白い牛に近づき、なでたりしたあと、その牛に乗ってしまいます。エウロペが白い牛に乗ったとたん、白い牛は走り出し、エーゲ海を越え、クレタ島へたどり着きます。

エウロペは驚きますが、牛がゼウスということがわかります。そして、ゼウスからの求婚を受け、その地で愛される生涯を送りました。

ちなみに、このエウロペの名前からその地域が「ヨーロッパ」と呼ばれるようになったという説もあります。

もう一つは、ゼウスの正妻であるヘラに仕えていたイオに、ゼウスが恋をする話です。イオは川の神イナコスの娘であり、たいへん美しい女性でした。このイオに恋したゼウスは密会を重ね、そのことが正妻のヘラに見つかってしまいます。プライドを傷つけられて怒ったヘラは、イオを牛にかえて監禁してしまいます。

この二つの話に出てくる「牛」の姿が牡牛座の星座になったといわれています。どちらも恋の物語であり、「美しい娘」と「美しい牛」が登場します。普通の娘と普通の牛ではなく、「美しい」ということがポイントです。これは牡牛座の守護星でもある金星の「愛」「美」という特徴を象徴しています。

同時に、その美しい娘が欲しい、手に入れたいという牡牛座特有の「所有欲」も表しています。美しいと思う美意識と感性だけでなく、それを自分のものにしたい、欲求を確実に実現するということが牡牛座の大きな特徴です。

美しいと思い、ただ眺めているというだけでもなく、確実に自分のものにする、という感覚的な才能と現実的な才能の二つを牡牛座は兼ね備えているのです。

牡牛座は12星座でいちばん、すぐれた五感（味覚・嗅覚・視覚・触覚・聴覚）を持ち、その感覚を大切にする星座です。また欲しいものは必ず手に入れるという現実的な才能も持っています。神話のなかでも、ゼウスはそれを叶えています。

牡牛座男子は、まず、自分の五感に響くものを大切にします。そして欲しいと思ったものは必ず手に入れます。手に入れる方法も慎重で確実なものです。

ギリシャ神話のエウロペに近寄るために美しい牛になったり、エウロペが自分の背中に乗った瞬間に走り出し、遠く海を越えた島まで移動したり、というエピソードはエウロペを確実に自分のものにしたいと計画されたことなのです。

美しいものは美しいと感じ、欲しいと思うものは必ず手に入れる。牡牛座は所有することで、自分の理想を叶えていくのです。

牡牛座男子の性格

こだわりのものを持っていたい

星座にはそれぞれ、キーワードがあります。

牡牛座のキーワードは「I have（所有）」です。

このキーワードが示す「所有」とは、牡牛座が「自分の価値観に合ったものを持ちたい」ということを意味しています。

繰り返しになりますが、牡牛座はとにかく自分の感覚を大切にします。そして、その感覚に合ったものに囲まれて生活したいという欲求があります。

暮らしというものを考えたとき、人の価値観は、それぞれです。

機能的に不便でなければいい、と考える人もいれば、たとえ不便でも、自分の好きなデザインやかたちを優先したいという人もいるでしょう。

理想をいえば、上質でデザイン的にも機能的にもすぐれたものに越したことはありませんが、予算や、一緒に暮らす人の好みなどの制約もあって、思うようにはいかない、という人がほとんどでしょう。あるいは、「自分の理想」が今ひとつ、わからないという人もいるかもしれません。

牡牛座男子にしてみれば、それこそ「信じられない」というところです。

いろいろな制約があって、牡牛座男子であっても、「いまは理想のかたちにはなっていない」という人もいます。けれども、彼には、あらゆるものの「理想のスタイル」があり、中途半端なもので妥協することはありません。

たとえば毎日の食事にしても、できるだけ「おいしいもの」を食べたいと思うのが牡牛座男子です。

牡牛座が優先するのは、常に、自分の五感です。それを満たすことが、牡牛座男子にとっての「理想の暮らし」なのです。

そして、ここがいちばんのポイントですが、牡牛座はすぐれたセンスを持っています。

世の中には「質より量」という大食漢もいますが、牡牛座には、それは当てはまりません。

あくまでも「量より質」、というより、何よりも質にこだわります。

たとえ心から愛している女性の手料理であっても、「まずいものは、まずい」と受けつけられないのが牡牛座男子です。

生来の人あたりのよさと、争いごとが苦手なこともあって、文句を言ったりすることはありません。少なくとも彼はそのつもりですが、本音のところでは「公平なジャッジメント」がされている、と思ったほうがいいでしょう。

逆にいえば、おいしい手料理で牡牛座男子をもてなすことができれば、彼との距離は一挙に縮まることになります。

また、牡牛座男子は「欲しいもの」に対して、その欲求を素直に表現します。

欲しいと思ったら、「欲しい」といいます。たとえ口に出していわなくても、わかりやすい行動をします。

牡牛座男子は、とても欲張りです。自分がいいと思ったものは何でも欲しがります。それは女性に対しても、変わりません。

「素敵な人だな」「きれいな人だな」と思った女性は、すべて自分のものにしたくなります。

美意識が高いので、いわゆる美人も嫌いではありませんが、彼の基準は、あくまでも、自分がそう感じるかどうかです。

たとえば、その人のしぐさや言葉遣いに、「美しさ」を見出します。

女性の部屋に招かれたときにも、花が生けられていたり、上質な家具が置かれていたりというセンスは、牡牛座男子の五感を刺激します。

牡牛座男子は、見た目や世間的な美しさに惑わされることなく、その女性の本質を見抜いて、魅力を感じとるセンスを持っています。

もしも牡牛座男子から告白されたら、「自分には、それだけの魅力がある」と自信を持っていいでしょう。

魅力的な女性にのみ、それを感じ取るので、それだけ、牡牛座男子は理想が高いということです。

牡牛座男子の理想の高さは、自分自身にも向けられます。自分のパートナーに「美しさ」を求める一方で、自分自身も、それにふさわしく、美しくありたいという、こだわりがあります。それゆえ男性でありながら、若いころから上質なシャツを身に着けたり、自分の部屋に花を飾ったり、ということをします。

オフィスのデスクでもフォトスタンドを置いて、自分の好きな絵や写真をいつも見られるようにしたり、文具でも会社の備品とは違うものを使ったりしています。

そんなふうに好きなものにこだわり、それらを自分のまわりに置くことで、牡牛座男子のセンスは、より磨かれていくといってもいいでしょう。

そんな牡牛座に対して、

「男のくせに、ちょっとこだわりすぎでは？」

「そんなことにお金をかけるなら、ほかに使うことがあるんじゃないか」

というふうに思っても、彼を変えることはできません。

そのこだわりが、牡牛座男子には大切なのであり、なおかつ彼は、頑固なのです。

彼のこだわりに対して咎《とが》めるようなことをいえば、表面は、「そうですね」といっても、心のなかでは「このよさがわからないなんて、センスがない人だ」という烙印《らくいん》を押しています。

この本のタイトルにある通り、牡牛座は、12星座でいちばんお金持ちになれる星座です。なぜ、そんなことがいえるかといえば、牡牛座には、誰が何と言おうと揺るがない「こだわり」があるからです。

そのものの本質、価値を見抜く目は、牡牛座は群を抜いています。

そして繰り返しになりますが、それを所有したい欲求が、誰よりも強いのが、この星座の人の特徴です。

「このボールペンでなければダメなんだ」というこだわりは、やがて、「この腕時計でなければダメなんだ」「この車でなければダメなんだ」と変わっていきます。

「車」は、「家」や「マンション」にも変わっていきます。

そして、それを実際に手に入れていくのが、牡牛座です。

だからといって、牡牛座のイメージは「贅沢」とはほど遠いものがあります。むしろふだんの生活は地味で、無駄遣いをするようなタイプではありません。

お金持ちになるには、収入のなかで暮らすということが基本です。そうであれば、少なくとも借金をして、不要な利息を支払わないですみます。

牡牛座は、決して無駄なお金を遣《つか》いません。人の目を気にして、見栄をはるようなこともしません。それだからこそ、人に信頼されます。

スピード感やスマートさでは、牡羊座や双子座にかないませんが、女性に安心感を与えるということでは、ほかのどの星座にも負けることはありません。

人というのは、とくに日本人はといってもいいかもしれませんが、調子よく、なんでも器用に対応する人には、「なにか裏があるんじゃないか」と疑いを抱くものです。

ところが、牡牛座には、そんな器用さがありません。ビジネスなどのおつき合いの場では、愛想笑いをしたり、お世辞をいったりということもあるのが世の常で、牡牛座も、例外ではありません。

けれども、たとえば愛想笑いをするような場では、それをスマートにできる人と、ぎこちない感じになってしまう人がいますが、牡牛座は間違いなく後者です。

そんな牡牛座だからこそ、相手に、「この人なら嘘をつかない」と思わせてしまうのですが、牡牛座が嘘をつかないかどうかというのは、また別の話です。

少なくとも、嘘をつくような人には見えないところが、牡牛座の強みであり、それだかにこそ、成功しやすいともいえます。次の章では、そんな牡牛座男子の将来性についてて見ていきましょう。

3

Future Success

牡牛座男子の将来性

牡牛座男子の基本的能力

夢を叶える力がある

どんな仕事に就くか。それによって、働き方も報酬も変わってきます。

この本のタイトルにある通り、牡牛座男子は12星座でいちばんお金持ちになれる星座です。どんな仕事に就いても、コツコツと自分の仕事をこなし、その堅実な暮らし方で、自分の理想の暮らしを叶えていきます。

繰り返し書いているように、牡牛座男子は自分のこだわりを曲げることができません。自分の職場、自分の住む場所に妥協することなく、理想的な暮らしを手に入れるために努力します。

才能を開かせるために必要なのは、努力です。どんな天才でも、努力なしに、それを成し遂げた人はいません。

占いというと、「牡牛座はどんな性格か」とか「どんなことで成功するか」とかということを訊《き》く人が多いのですが、占いは予言ではありません。予言的要素は多いにしても、「何もしなくても、そうなる」ということはないのです。

たとえば「作家に向いている」といわれても、原稿を書かなければ作家になることはできません。「作家に向いている」という才能を開かせるには、「原稿を書く」という努力が必要なのです。

けれども、その努力することが、なかなかできないから、みな苦労するわけです。

牡牛座男子は、自分の理想を叶えるために努力することを、決して厭《いと》うことがありません。むしろ、それが人生の喜びになるといってもいいほどです。

物腰も柔らかく、人と争ったり競ったりすることも嫌いなので、自然と人に好かれたり、人脈が広がっていったりもします。

温厚で、おだやかそうに見えるのですが、「欲しいもの」は必ず手に入れます。

この「欲しいもの」は、鞄や家などの「モノ」とは限りません。それは社会的地位であったり、もっと正直に、「お金」や「成功」「実績」も含まれます。

彼に、「あなたの夢は何ですか」と聞いてみてください。

牡牛座男子は、フワフワしただけの、ぼんやりとした夢を見ません。

彼の夢は、現実的です。そして、その夢を実現するべく、行動します。

そのための準備を怠《おこ》ることなく、たとえ途中でトラブルが起きても、それを乗り越えていく力もあります。

それは決して、スピーディなものではありません。誰の目から見ても明らかに、その成果が見えるということはないかもしれません。

誰も見ていないところでも努力を重ねていくというのは、できそうで、なかなかできないことですが、牡牛座には、それが自然とできるのです。

自分が「こうしよう」と決めたら、それに向かってコツコツがんばるのが、牡牛座男子の才能です。

どんなことも慎重に、確実に進めていくことができますが、あまり速くはできません。牡牛座男子には、彼なりのペースがあり、それを崩されたくはありません。だから、そこで急《せ》かされたり、イライラされたりすると、やる気をなくしたり、自分の力を十分に発揮できなくなったりします。

牡牛座男子には、うっかりミスや準備不足ということはありませんが、もしも、そうしたことが目につくようになったら、なにか本来の力が出せないような環境に陥っていると考えてみましょう。

いつも温厚な牡牛座は、危険な賭けや冒険を自分からしていくタイプではありません。そのために、女性から見るとワイルドさに欠けるということもありがちです。女性によっては、「なんだか物足りない」と思う人もいるでしょう。

けれども、そこで捨ててしまうには惜しい「パートナー候補」です。

あなたの導き次第で、ビジネスを成功させて、お金持ちになる可能性大！　なのですから。

【牡牛座男子のスペック】

行動力：★★☆☆☆（2つ星）自分の欲求を満たすためにのみ発動

体　力：★★★☆☆（3つ星）環境によって左右されやすい

情　熱：★★★★☆（4つ星）感性を満たすものに対してのみ

協調性：★★★☆☆（3つ星）一見おだやかだけど、内面は頑固

堅実さ：★★★★★（5つ星）コツコツと地味な作業や行動が得意

知　性：★★★☆☆（3つ星）好きなものに対してはとことん追求する

感受性：★★★★★（5つ星）五感の発達は12星座のなかでもトップクラス

総合的な将来性：★★★★☆（4つ星）

牡牛座男子の適職

心地よい環境によりセンスを発揮し結果を出す

牡牛座男子は生まれもった豊かな感性と、着実に目標に向かって進み、それを達成するという、素晴らしい才能を持っています。

職業については、牡牛座女子でも社会での活躍の仕方は牡牛座男子と同じです。生まれもった豊かな感性を生かし、何かを創造する職業が向いています。

牡牛座の感性は他のどの星座よりも豊かですが、成長していくなかで訓練や経験を重ねていくと、よりいっそう感性と才能は磨かれていきます。日々触れるものや見るものから感性やセンスを磨き、スキルやテクニックを伸ばすことができるのです。

たとえば一般的に女性が多いとされる美容業界でも、牡牛座男子は十分に活躍できます。生まれもったセンスのよさと美意識の高さと、常に理想を追い求める姿勢があるので、センスも技術も向上させていくことができます。

センスのよい、おしゃれな男性にほめられ、アドバイスを受けることで、お客様である女性たちは、自分自身の女性性にめざめることができるわけです。つまり、それは顧客獲得につながり、牡牛座男子にビジネスの成功をもたらします。

どの道に進もうと、牡牛座男子は目標に向かって着実に進んでいくことが得意です。一気に大きな冒険や賭けはしませんが、自分が欲しいと思ったものは必ず手に入れるのが牡牛座男子の特徴です。

出世のスピードは遅いほうですが、大器晩成とは、まさに牡牛座のためにあるような言葉です。それができるのも、たとえ他の人から見たら夢のような目標であったとしても、真面目にコツコツと取り組んでいくからです。

一歩一歩、自分の目標や夢を実現していく姿は、周囲からの信頼をも獲得していきます。

大きなことを成し遂げていく人というと、どこかガツガツしたイメージを持たれがちですが、物腰が柔らかい牡牛座には、そんなところがありません。気のきいた面白い会話や社交辞令ができなくても、実績と信頼から仕事の依頼が自然と増えていき、社会での活躍が期待できます。

もめごとや争うことが嫌いで、自分のペースで仕事を進めていきます。職場環境は、心の落ち着くスペースに身を置くことが成果につながります。たとえば、好きな音楽を聴きながら働いたり、心地よい椅子で作業したり、という牡牛座の感覚を喜ばせる環境のほうが仕事を進めやすいのです。自分のペースをかき乱すような環境では、存分に自分の力を発揮できません。

牡牛座は、周囲の環境が仕事に大きく影響します。美しいものに囲まれていたい牡牛座には、花や木などの植物を扱うフラワーショップや園芸関係の仕事も向いています。

デザイン関係に進むのもいいでしょう。小さいころから、自分の服や靴に関心を持つ牡牛座がファッション関係で仕事をするのは、それこそ天職といえるかもしれません。パッケージやポスター、雑誌や書籍などを手がけるグラフィックデザイナーに進む道もあります。

【牡牛座男子が向いている職業】

デザイナー、スタイリスト、アナウンサー、彫刻家、メイクアップアーティスト、調香師

美容師、芸術家、茶道家、調理師、料理研究家、ソムリエ、園芸関係

【牡牛座男子の有名人】

秋元康、浜田雅功、松田龍平、藤原竜也、奥田民生、デヴィッド・ベッカム、神木隆之介

ジョージ・ルーカス、加藤鷹、太田光、ATSUSHI、小山慶一郎

牡牛座男子の働き方

準備を怠ることなく、着実に結果を出していく

地味だけど、コツコツと着実に目標に向かって行動する牡牛座男子の仕事は、ゆっくりでマイペース。でも確実に結果につなげます。

難しい課題に遭遇しても多少時間はかかるものの、最後はクリアできるのも牡牛座男子の頼もしいところです。

「コツコツと」というと、自分一人で黙々と仕事をこなしていくようなイメージを持つかもしれません。けれども牡牛座男子は、周囲と協力してプロジェクトを進めていくようなことも不得意ではありません。口数は少ないほうですが、温厚な見た目が人に安心感を与え、初対面の人とも上手につき合っていきます。

もともと争いが苦手で、周囲には丁寧な態度で接することができるので、仲間うち

の印象もいいでしょう。みんなと協力して、ゴールをめざすことができます。計画を立てたり、準備することが得意な牡牛座は、頼れる存在として、周囲の人たちから慕われます。

実際に、あなたが牡牛座男子と一緒にビジネスや企画を始めるときには、計画の草案を考えてもらったり、事前の準備を担当してもらったりすれば、よりスムースに仕事は進み、彼を見直すのではないでしょうか。

ただし口数は少なく、マイペースな牡牛座男子には、伝えたいことが伝えられていなかったり、伝えたつもりが伝わっていなかったりということが起きがちです。あなたのほうで意識して、必要なことは丁寧にゆっくりと、お互いが納得するまで話をするように心がけてください。

牡牛座男子は、内心は「違うな」と思っていることでも、それを口に出せません。かといって、自分が納得していないことは「できない」。となると仕事はそこで滞《とどこ》ってしまいます。

いつまでたっても進まない仕事に、周囲はイライラしたり、あるいは上司からは、「あいつは使えない」と評価されてしまうことにもなりかねません。

牡牛座男子は、たとえそうなったとしても、反論はせず、言葉を呑《の》み込んでしまいがちです。「仕事がうまくいかない」「上司とうまくいかない」というときには、じつはコミュニケーション不足によるところが多いようです。

自分の本心に嘘はつけないので、気に入らない上司に取り入ったり、自分を売り込んだり、ということはできません。かといって、自分から抗議するようなこともしません。

トラブルが起きているときにも、自分のなかでは冷静に、さまざまな角度から検討して考えています。でも、それを決して表に出さないところが、牡牛座の牡牛座たる所以です。黙っているのは、納得したからだと思ったら、大間違いです。

堅実でこだわりの強い牡牛座は、仕事の進め方もマイペース。そのため、スピード重視の職業や仕事内容は向いていません。

牡牛座男子は、自分の感性や価値観に合わないもの、納得できないことを強制されることが嫌いです。牡牛座なりのこだわりや感性も含めて仕事を進めているところに、自分の好みではないことや、仕事の進め方を強制されることはまったく受け入れられませんし、腹立たしいことなのです。

けれども、内心どんなに腹を立てていても、なかなか表面に出さないのも牡牛座男子です。内心キレていても表面上はおだやかなままでいられる、もしくはおだやかに見えるので気をつけましょう。

仕事のスピードは遅いものの、牡牛座は欲しいものを手に入れるという才能がありま す。自分が「これ」と決めたことには、一生懸命努力します。そこにお金や出世、名誉などのご褒美があると、よりいっそうがんばれるのです。

たとえ難しい仕事であったとしても、目標達成に向けてスイッチが入ると試行錯誤しながらも、困難を乗り越え、着実に成果につなげます。そうして実績を重ねていくことで、牡牛座男子は自信をつけて成長していくのです。

牡牛座男子の金運

環境と人脈は金運と正比例する

牡牛座男子は理想が高く、物質的欲求も12星座のなかでいちばん強い星座です。「欲しい」ということにためらいがない牡牛座なので、自然と金銭をはじめ物質的なものを引き寄せる力もあります。結局、大金持ちになる人も大勢います。

「欲しい？」と聞かれたら、「欲しい！」と正直に答えられるのです。

本当は欲しいのに、それを口にできなかったために「もらえなかった」ということがあるでしょう。

心のなかで祈っているだけでは手に入るものも入らない、というのが人生です。でも、たいていは人は格好つけたり、遠慮したりして、もらい損ねてしまいがちです。

けれども牡牛座は、自分が欲しいと思ったものは必ず手に入れます。時間がかかろ

うと、着実に、自分が欲しいと思うものを手に入れるための努力を重ねていくことができるのです。

では、牡牛座男子が「欲しい」と思うものは何でしょうか。

所有欲が強く、五感が発達した牡牛座男子は、居心地のよい環境をつくりたがります。そのなかでも「家」や「職場」がどこか、どのような環境かというのは、彼らにとって、もっとも大切なポイントです。

自分がいちばん長い時間を過ごす場所であり、心を解放できる場所でもある「家」と、自分の能力を存分に発揮する場所でもある「職場」の環境を整えることが、牡牛座男子の金運を左右します。

感性豊かな牡牛座は居心地がよくないと、精神的にも肉体的にもバランスを崩してしまいます。それでは牡牛座の才能を十分に発揮できないだけでなく、仕事が手につかなくなったり、病気になってしまうこともあります。

居心地がよい、理想の「家」や「職場」という環境を確保するために、努力を惜しまないのも牡牛座の才能です。自分に必要な道具、理想のポジションを獲得するために積極的に行動します。こだわりの家具を揃えたり、仕事で実績を上げたりということを焦ることなく、実現していきます。

何事にもコツコツと小さな努力を積み上げていくことが、牡牛座の金運につながります。自分のその努力が金運や功績に結びつくことも自覚しています。それだけの人脈、金脈が常に、有利に働くのです。

幼いころから欲しいものを欲しいと正直にいえる牡牛座は、「お金」や「成功」を手に入れることにも貪欲です。そして牡牛座の金運は、環境と人脈が整えば整うほど、それに正比例してアップしていきます。

たとえば、牡牛座の才能を伸ばすために資産家にスポンサーになってもらったり、大手の会社や多くの人に支援してもらったりすることが、才能を発揮する手段になります。そのためには人づき合いを大切にして、感性を磨いていくことが大切になります。

牡牛座男子の健康

喉・首に関する病気に注意

太陽の位置や月の満ち欠け、という星たちの動きは自然界だけでなく人の身体にも大きな影響を与えています。

たとえば、太陽の光が輝く昼間は活発に動き、夜になると眠くなるという日常の身体の現象をはじめ、女性の生理周期は月の周期とほぼ同じです。また、満月の夜にいっせいに産卵するウミガメや珊瑚の例もあります。人間でも満月の夜に性交する男女が多いことを、以前、英国の軍隊が確認したレポートもあるほどです。

このように自然界だけでなく、人の身体も星の動きに多く影響を受けていることから、医学の父と呼ばれるヒポクラテスも占星学を研究し、実際の医療に活用していました。これを占星医学といいますが、12星座の身体の部位の関係は否定できません。

［星座］　［身体の部位］
牡羊座――頭部、顔面、脳
牡牛座――耳鼻咽喉、食道、あご、首
双子座――手、腕、肩、肺、神経、呼吸器系
蟹　座――胸、胃、子宮、膵臓、食道、消化器系、婦人科系
獅子座――心臓、目、脊髄、循環器系
乙女座――腹部、腸、脾臓、神経性の病気、肝臓
天秤座――腰、腎臓
蠍　座――性器、泌尿器、腎臓、鼻、遺伝性の病気
射手座――大腿部、坐骨、肝臓
山羊座――膝、関節、骨、皮膚、冷え性
水瓶座――すね、くるぶし、血液、血管、循環器系、目
魚　座――足（くるぶしから下）、神経系

前頁の一覧を見ると、牡牛座は「耳鼻咽喉、食道、あご、首」を表しています。

ここで重要な点は、健康問題が起きやすいということは、その部位をしっかり使っているということです。牡牛座の象徴が「耳鼻咽喉、食道、あご、首」というのは、嗅覚、味覚などの五感が発達し、敏感であるということを意味します。

つまり感性が豊かである、ということです。牡牛座の健康を考えるときに、このことを前提にすることが大切です。

牡牛座の人は、健康に関しては、首に関する病気などに注意が必要です。

首には脳に血液を運ぶ大切な血管（頸動脈《けいどうみゃく》）があります。また、頭をささえる大切な役割をする骨（頸椎《けいつい》）もあります。そして生きるためにもっとも重要な食事も、口から入り咽喉（首）を通って体内に運ばれます。首は身体のたいへん重要な部分です。

繰り返しになりますが、牡牛座の基本的な性格は、「感性が豊か」で「頑固」です。環境変化などに敏感で、飲食にはとてもこだわりがあります。

そんな牡牛座の体調不良のきっかけも、環境からの影響が大きく、居心地のよい場所や理想とする環境以外ではとてもストレスを感じてしまいます。とくに首の近くにある「扁桃腺」や「咽喉」などは弱く、炎症を起こしてしまいがちです。

飲食に関しても「おいしいもの」「好きなもの」にも、こだわりが強い牡牛座です。そのために栄養が偏《かたよ》り、肥満や動脈硬化、糖尿病など成人病にかかりやすいのです。飲酒、喫煙などは喉や肺に影響が大きいので、控えたいものです。

環境に敏感な牡牛座ですが、回復力と治癒力はあります。少しの疲労の場合などは、自分なりに休息をとることで、すぐに回復します。ちょっと疲れたり、ちょっと寝不足というときには、昼寝をしたり、お風呂でバスタブにゆっくりつかるなど、心身を休めることが大切です。

また、年齢を重ねると頑固さも強くなってきます。わがままな面も度が過ぎれば、周囲はもてあますことになります。日頃から食事、生活環境と健康のバランスを整えて、牡牛座の温厚な性質を保てるよう工夫していくようにしましょう。

牡牛座男子の老後

理想の生活スタイルを確立！

牡牛座男子の老後は、病気やケガなどで寝たきりにならないかぎり、充実した毎日を過ごすことができます。

定年退職などで、家にいる時間ができても、趣味がなく、何もすることがないという男性は少なくありませんが、牡牛座男子にかぎって、そんなことはないでしょう。

もともと自分のこだわりがあって、若いころから自分が心地いいライフスタイルを築いてきたはずです。老後となって時間ができれば、それこそ趣味に生かして、マイペースな時間を楽しめます。

自分ひとりだけでそれを楽しむというより、家族や地域の人たちとも、いい関係を保っていくでしょう。

人と争うことが嫌いな彼は、誰とでもうまくつき合い、地域活動や趣味のグループなどでは、リーダー的な存在として、頼りにされます。

彼の印象は温厚で、人に安心感を与えますが、けれども、家族や心を許した人の前では、生来のわがままな面が顔を出します。

年齢を重ねると人は頑固になりがちですが、もともと頑固な牡牛座となれば、手がつけられなくなって、家族からは「面倒くさい頑固じいさん」と思われているかもしれません。

こだわりが強いので、趣味や娯楽が「食べること」や「贅沢なこと」になる可能性も高いです。「食べること」が趣味になると自然と体重増加や病気になりますし、もともとゆっくりとした動きのため、体重が増え、肥満になりやすいです。肥満になると、動きがさらに遅くなり、動くのもおっくうになり、家のなかにいる時間が増えます。

家にずっといて動かない状態になると、家庭の食事にもあれこれ口を出したり、わがままをいい出します。家族としてはますます面倒くさい存在になってしまいます。たとえば、「朝食にはコレを食べたい」「今夜は○○を調理して食べたい」というように注文が多くなります。年齢を重ねるごとに自分の理想とこだわりを家族に強制してしまうのです。

また「セーターはカシミアでなければならない」「家具は高級なものでなければならない」など、「贅沢なもの」にもこだわります。そのこだわりが強くなりすぎると、家族はすべてにはつき合いきれません。

けれども、質のよい服や家具などはやはり、安価なものとは肌触りや質感が違います。良質なものは心を豊かにしてくれます。また大切に扱うと長いあいだ使うことができます。それがわかっているのが牡牛座の感性であり、牡牛座から学びたいことの一つでもあります。

自分が心地いいと感じるものに囲まれた豊かな生活。そんな老後を、彼と一緒に過ごせるとしたら、いまからワクワクしてきませんか。

4
Love

牡牛座男子の恋愛

牡牛座男子が惹かれるタイプ

自分の感性とペースに合わない女性は苦手

牡牛座男子の好みの女性は、自分の感性に合うポイントがあるかどうかで決まります。

容姿が美しい人、洋服のセンスがいい人に始まり、趣味を共有してくれる人も好きです。自分の好みを理解して、それに合わせてくれる人がタイプです。

おいしい料理がつくれたり、音楽のセンスが同じだったり、また一緒にいて自分のペースに合わせてくれたり、という人は、一緒にいて居心地がよいので大好きです。

五感を大切にする牡牛座男子は、好きな人には触れていたくなります。人前でも構わず、手を握ったり、抱きしめたりします。

女性によっては、そんなスキンシップを恥ずかしいと思うかもしれませんが、牡牛座男子とつき合うなら、そのスキンシップをまずは受け入れ、理解することです。牡牛座は、そうして相手に触れることで、相手を身近に感じ、安心してそばにいられるのです。

また、牡牛座男子は清潔感のある女性が好きです。美しさももちろん大切ですが、清潔感は絶対にはずせません。化粧や洋服、持ち物など、すべてに清潔さの要素が必要です。

牡牛座男子は、自分のこだわりが大切で、流行には左右されないのが信条ですが、女性に対しても、それは変わりません。あくまでも、自分がいいと思う人が美しい人で、他の女性から見れば、流行とはかけ離れているようなメイクをしていたとしても、それが彼女に似合っていると彼が思えれば、それでいいのです。

女性は、男性はみんな美人でスタイルのいい女性を好きになると思っているかもしれませんが、そんなことはありません。それぞれに好みがあり、その「自分の好み」を一番に優先させるのが牡牛座男子です。

理想の高い牡牛座男子は、「高嶺《たかね》の花」にも怯《ひる》みません。むしろ「高嶺の花」だと思うような女性だからこそ惹かれます。

「自分なんか相手にしてくれそうもない」ような女性に、恋してしまいます。

彼の前では、「私は他の女性とは違う」「いい女」として振る舞うことで、彼はあなたに興味を抱くかもしれません。

一見温厚そうで、誰にでも優しく見えている牡牛座男子ですが、心を許す相手にはわがままをいってしまいます。

それは、心を開き、甘えている証拠です。牡牛座男子がわがままをいうようになったら、それだけ、あなたのことを身近な存在だと思っているのです。

そして、そのわがままを受け入れてくれる女性に、牡牛座男子は、より惹かれていきます。面倒だなと思うことがあっても、「しょうがないな」と思いながら、上手にあやしてあげましょう。

牡牛座男子の告白

純情な彼の精一杯の気持ちがわかりにくい

牡牛座男子は基本マイペースで何事もゆっくりと進める性格です。恋愛に対しても、つき合うまでに時間がかかる場合が多いでしょう。

あなたに出会って、すぐに好きだと思ったとしても行動には移さず、慎重な彼は、どうすれば二人の距離を縮められるかということを考えています。

また恋愛に対しては、幼稚で純情なところがあります。小学生の男の子は、自分の好きな子には、好きといえず、ちょっといじわるをしたり、チョッカイを出したりすることがありますが、牡牛座男子も同じような方法で、相手の気持ちを確かめます。

彼は、ふだんは人にわがままをいったりしませんが、好きな人の前では、わざとわがままをいって、相手を困らせます。

それを受け入れてくれる女性かどうかを確かめているのです。

「好きになって大丈夫かな？」「自分のことを嫌いじゃないかな？」と思いながらの行動ですが、これは慎重な牡牛座の性格の表れです。

そんな牡牛座男子の告白は、出会ってからだいぶ時間がたってからになりそうです。

恋愛については、かなり奥手で純情です。そこに牡牛座の特徴である慎重でマイペースが加わり、告白のタイミングを何度も逃している可能性もあります。

一生懸命考えて、長い時間をかけて告白しても、それが告白だとは、相手にはわかりにくいかもしれません。あなたの気を引こうとするあまり、わざと気のないふりをしたりして、何をいっているのか伝わらないのです。

もしあなたが牡牛座男子に好意があり、告白してほしいと思っていたら、自分から告白したほうが早いかもしれません。

ただし、これは牡牛座男子があなたに好意を持っている可能性がある場合に限られます。

まだ彼の気持ちが決まらないうちに告白しても、あなたが期待するような返事はもらえないでしょう。

牡牛座はいつも準備を怠りませんが、逆にいえば、準備ができなければ前に進めないということです。

突然に、「これから旅行にいこう」といわれたら、あなたはどうしますか？　相手や行き先によって返事は変わるでしょうが、突然の出来事に面白がって、「行きましょう」といえる人もいれば、「ちょっと待って」という人もいるでしょう。

牡牛座は、間違いなく、後者です。自分が告白するにしても、相手から告白されるにしても、心の準備が必要なのです。

タイミングを間違えてしまうと、せっかくいい関係を築きかけていたのにうまくいかなくなることがあるので注意しましょう。

牡牛座男子のケンカの原因

彼とより深く結ばれる仲直りのコツ

ふだん温厚な牡牛座が怒る理由は、きっと単純なことです。

自分のこだわりについて批判されたり、理解されなかったと感じたりしたときに、彼の心は傷つきます。

とくにその相手が、心を許した相手だと、「なにもわかってくれていない」ということにがっかりしてしまいます。

彼は自分の好きなものにはこだわりを持っています。その自分の価値観やセンスをけなされたり、否定されたりすると、いつも温厚な牡牛座男子もキレてしまうことがあります。

また、自分の意見を聞いてもらえないときや、何かストレスを感じたときにも、不機嫌になりやすくなります。

もともと争うことは嫌いで、相手が誰でも、できるだけケンカは避けたいと思っている彼ですが、家族や恋人には、自分の価値観によるわがままで、頑固な、ありのままの自分をぶつけてきます。

また、彼のペースを乱したときにも怒りだしたり、すねたりします。

こだわりの強い牡牛座男子は自分の感覚を大切にするために、ペースを崩されたり、かき乱されたりすることを極端に嫌います。

何をするにしても、彼には自分なりの美意識とペースがあります。

彼のペースは、決して速いほうではありません。12星座のなかでも遅いほうです。つまり、他の人からすれば、彼の行動は「グズグズしている」ように見えることも多いでしょう。

でも彼は、自分の納得のいく方法で進めたいのです。そこで急がなければならない必要は感じません。

それなのに、自分の納得いかない方法を押しつけられたり（彼にはそう感じます）、ペースを崩されたりすると、心を開いたあなたには直球で怒りをぶつけてくるわけです。「この人には心を許せる」と思った人には自分の意見を押し通したいのです。

そんな彼と仲直りしたいときは、彼の感性と成果をほめてあげましょう。そしてスキンシップを心がけましょう。

「あなたのセンスは誰もかなわない」

「あなたといると安心できる」

ということをいいながら、抱きしめたり、手を握ったりして彼を安心させてあげましょう。

または彼の欲しいものをプレゼントするのも効果的です。ただしプレゼントの場合は事前に彼の好みを細かく聞いて、彼の理想とするものを選ぶようにしましょう。好みでないものや使い勝手がよくないものを贈られても彼は嬉しくないのです。彼の理想を叶えてあげられるものや、好きなものを日頃から情報収集しておくことも大切です。

牡牛座男子の愛し方

わがままな小さな男の子のように

牡牛座男子は、恋愛に関してはとにかく幼稚です。

つき合い始めのころは、おっとりしていても、時間がたつにつれて本音そのままに、わがままな小学生の男の子みたいです。好きな女の子の気を引きたくて、わざと無理を言ったり、怒ったふりをしてみたり……。

でもそれは、あなたに心を許している証拠なのです。愛情表現が子どもっぽいのは、それだけ純粋だということです。

もちろんあなたがほかの男子と仲よくするのも気に入りません。独占欲が強いので、すぐにヤキモチを焼きます。

また感性の豊かな牡牛座男子の愛情表現として、スキンシップが多くなります。

日常生活のなかで、好きになったり気に入った人には、相手が異性でも同性でもかまわずスキンシップが多くなります。触れることが彼の愛情表現であり、愛情の確認でもあります。

もちろんセックスも牡牛座男子にとっては、大切なスキンシップと愛情表現の一つです。時間や場所もおかまいなしです。

精力も強く、タフなので回数も多いほうでしょう。だから、いつでも対応可能。じつはＡＶ男優に牡牛座は多いのです。あなたが「少し休ませて」といいたくなるほど、彼はいつも熱く、愛してくれるでしょう。

ただし牡牛座のセックスは、あくまでも正統派。あっちに向いたり、こっちに向いたりというように、機敏に攻めることはありません。

好きだから、愛したい。それが高じて、相手の心地よさより、自分の気持ちよさのほうを、つい優先してしまいがちですが、これが牡牛座男子特有のわがままのなせる業《わざ》です。

郵便はがき

162-0816

恐れ入ります
切手を
お貼りください

東京都新宿区白銀町１番１３号

きずな出版 編集部 行

フリガナ	
お名前	男性／女性 未婚／既婚
(〒　　　-　　　) ご住所	
ご職業	
年齢	10代　20代　30代　40代　50代　60代　70代～
E-mail	

※きずな出版からのお知らせをご希望の方は是非ご記入ください。

愛読者カード

ご購読ありがとうございます。今後の出版企画の参考とさせていただきますので、アンケートにご協力をお願いいたします（きずな出版サイトでも受付中です）。

[1] ご購入いただいた本のタイトル

[2] この本をどこでお知りになりましたか？

1. 書店の店頭　2. 紹介記事（媒体名：　）
3. 広告（新聞／雑誌／インターネット：媒体名　）
4. 友人・知人からの勧め　5.その他（　）

[3] どちらの書店でお買い求めいただきましたか？

[4] ご購入いただいた動機をお聞かせください。

1. 著者が好きだから　2. タイトルに惹かれたから
3. 装丁がよかったから　4. 興味のある内容だから
5. 友人・知人に勧められたから
6. 広告を見て気になったから
（新聞／雑誌／インターネット：媒体名　）

[5] 最近、読んでおもしろかった本をお聞かせください。

[6] 今後、読んでみたい本の著者やテーマがあればお聞かせください。

[7] 本書をお読みになったご意見、ご感想をお聞かせください。
（お寄せいただいたご感想は、新聞広告や紹介記事等で使わせていただく場合がございます）

ご協力ありがとうございました。

きずな出版　URL http://www.kizuna-pub.jp　E-mail 39@kizuna-pub.jp

牡牛座男子の結婚

プロポーズも結婚生活も確信が持てるまで待つ

牡牛座男子のプロポーズは恋愛の告白のときと同じように、出会ってからかなり時間がたってからになります。

もともと何事においても、慎重でゆっくり納得したことを自分のペースで進める牡牛座です。結婚となると自分の人生に関わる大きなプロジェクトです。普通の仕事より何よりも慎重に、確実な方法を考え、行動します。

牡牛座男子は手に入れた大切なものは守り抜くという強い力を持っています。

家庭や家族も、もちろん大切に守り抜く力があります。

その覚悟が決まるまでは、時間がかかってしまいます。

家族や家庭を守るための「家」「収入」「環境」など、もちろん「愛」も大切なのですが、その愛を守り抜くための環境と覚悟に確信が持てるまでの時間が必要なのです。決して目先の「快楽」や「ノリ」などで、「結婚」を決めることはありません。それだけの覚悟があっての、牡牛座男子からのプロポーズです。受けるほうも、それなりの覚悟が必要になります。

結婚後も、牡牛座男子は家族をとても大切にしてくれます。家族の愛情も牡牛座男子の元気の源になるからです。居心地のよい家に愛する家族がいることで、仕事もやる気が出て、がんばれるのです。

上質な家具やこだわりのものに囲まれた清潔な家。それを保っていくことが、牡牛座男子のパートナーには求められます。

牡牛座男子と結婚するということは、家族になる安心感がある一方で、彼のこだわりや理想も共有していくことになるわけです。自分がそれを望んでいるかどうかが、あなたの結婚の決め手になるはずです。

5

Compatibility

牡牛座男子との相性

12星座の4つのグループ
火の星座、風の星座、水の星座、土の星座

12星座はそれぞれの持つ性質によって、4つの種類に分けられています。

（1）「火の星座」——牡羊座・獅子座・射手座
（2）「風の星座」——双子座・天秤座・水瓶座
（3）「水の星座」——蟹　座・蠍　座・魚　座
（4）「土の星座」——牡牛座・乙女座・山羊座

火の星座（牡羊座・獅子座・射手座）は、「火」のように熱い星たちです。特徴として情熱的であり、活動的で創造的なチャレンジをすることで元気になります。

風の星座（双子座・天秤座・水瓶座）は、「風」のように軽やかで自由です。知識欲が旺盛で、社会的なものごとを知的に理解する能力があります。

水の星座（蟹座・蠍座・魚座）は、「水」のようにしっとりしています。感情・情愛を基準に価値判断をします。自分だけでなく、相手の感情もとても重視します。

土の星座（牡牛座・乙女座・山羊座）は、「土」のように手堅くしっかりものです。感覚的な能力が発達し、現実的であり、慎重・忍耐力があります。

この4つの分類だけでも、牡牛座との相性がわかります。

（1）「火の星座（牡羊座・獅子座・射手座）」と牡牛座……ちょっと微妙

火と土の関係は互いに打ち消し合うので、ちょっと微妙な関係です。

火は燃えていたいのに、土をかけられることで消えてしまいます。土も、火の熱で熱く燃やされることを嫌います。互いに不満を抱えてしまうでしょう。

「牡羊座・獅子座・射手座」と「牡牛座・乙女座・山羊座」は、一緒にいても噛み合わない、ということが起きがちです。

（2）「風の星座（双子座・天秤座・水瓶座）」と牡牛座……ちょっと微妙

風と土の関係も互いに打ち消し合うので、ちょっと微妙な関係です。

風は自由に軽やかに吹いていたいのに、土があることによって自由な動きができなくなります。土も、風が吹くことで砂埃《すなぼこり》となってしまうのを嫌います。互いにわかり合えないので、心がざわつき違和感を抱えてしまうでしょう。

「双子座・天秤座・水瓶座」と「牡牛座・乙女座・山羊座」は、一緒にいても居心地がちょっと悪いのです。

（3）「水の星座（蟹座・蠍座・魚座）」と牡牛座……まあまあよい

土と水の組み合わせは協力できる関係なので、仲よしです。

水と土が一緒に組むと、強い絆が生まれます。

水は土に栄養を運び、土は水を入れる器になるようにお互いが強みを出し合うことで力を発揮できます。

「蟹座・蠍座・魚座」と「牡牛座・乙女座・山羊座」は二人でいることで成長していくことができます。

（4）「土の星座（牡牛座・乙女座・山羊座）」と牡牛座……とてもよい

同じ土の性質同士なので、お互いを理解しやすい関係です。

一緒にいても違和感なく、出会ったばかりでもすぐに親しくなれます。ただ、自分のイヤなところまで似ているのが問題といえば問題です。

「牡牛座・乙女座・山羊座」と「牡牛座・乙女座・山羊座」は居心地よくつき合っていくことができます。

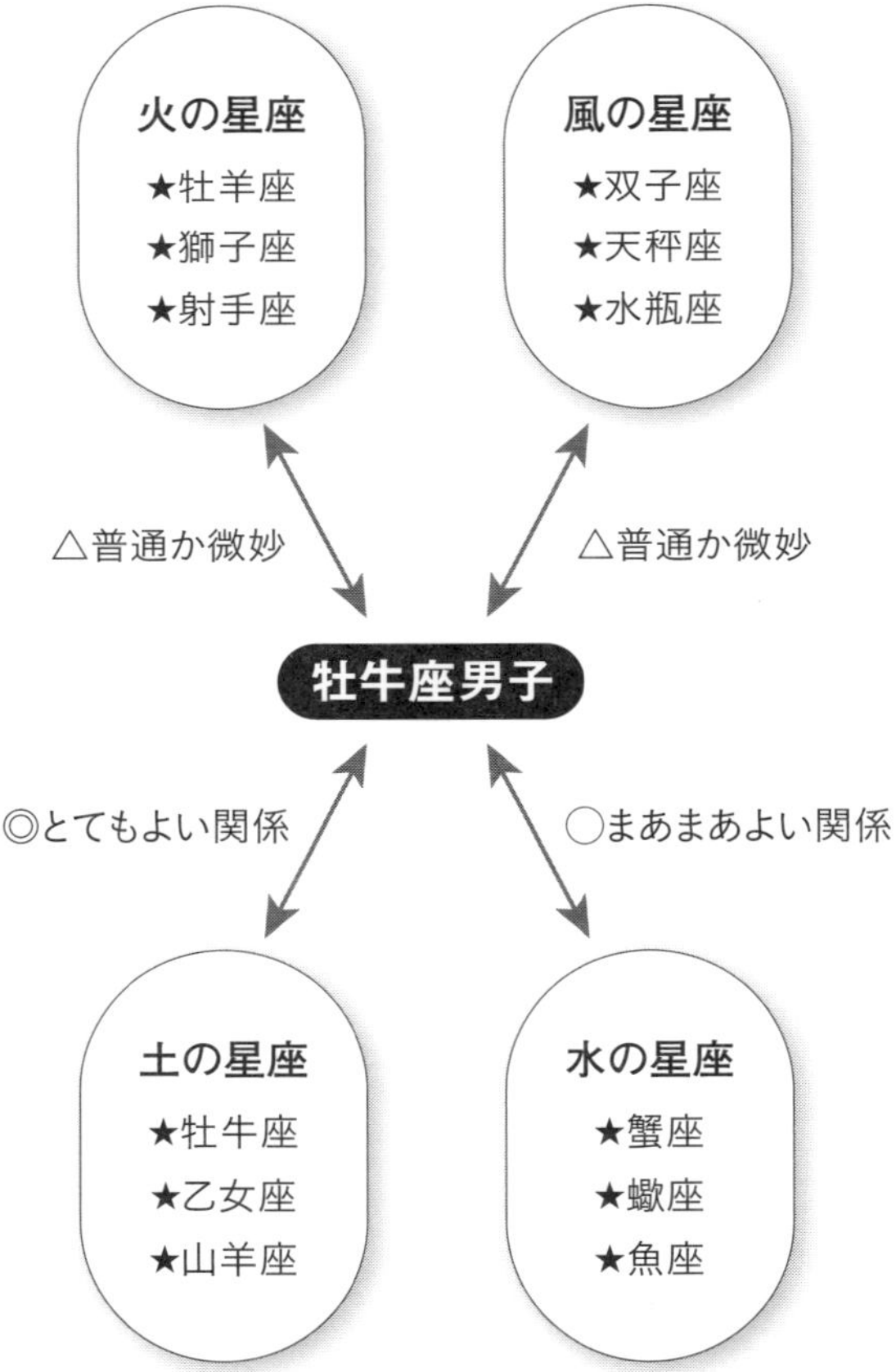

◉**牡牛座男子**と4つのグループ

12星座の基本性格

あなたの太陽星座は何ですか？

牡牛座とそれぞれの星座の相性を見る前に、まずは12星座の基本的な性格を見てみましょう。それぞれの星座について、象徴的な言葉を並べてみました。

【12星座の基本性格】

牡羊座：積極的で純粋。情熱的。闘争本能が強い。チャレンジ精神が旺盛。
牡牛座：欲望に正直。所有欲が強い。頑固。現実的で安全第一。変化を好まない。
双子座：好奇心が強い。多くの知識を吸収し行動する。器用貧乏。二面性。
蟹　座：母性本能が強い。同情心や仲間意識が強い。感情の浮き沈みが激しい。
獅子座：親分肌で面倒見がよい。豊かな表現力。創造性がある。誇り高い。

乙女座：緻密な分析力。几帳面。清潔好き。批判精神が旺盛。働き者。
天秤座：社交的。人づき合いが上手。バランス感覚にすぐれている。
蠍　座：疑い深くて慎重。ものごとを深く考える。やるかやらないか極端。
射手座：自由奔放。単刀直入。興味は広く、深く追究する。大雑把。無神経。
山羊座：不屈の忍耐力。指導力がある。地味な努力家。臆病。無駄がない。
水瓶座：自由で独創的。変わり者。博愛。中性的。ヒラメキ。発見するのが得意。
魚　座：自己犠牲的。豊かなインスピレーション。優しい。ムードに流されやすい。

性格には、「いい性格」も「悪い性格」もなく、すべては表裏一体です。
牡牛座の「所有欲」が強いのは、それだけ「こだわり」があるからです。「現実的で安全第一」は、それだけ慎重であるといい換えられます。それぞれの星座の「象徴的な言葉」から、あなたなりの理解で、読みとることが大切です。

12星座女子と牡牛座男子の相性

組み合わせで、これからのつき合い方が変わる

牡羊座女子（火）と牡牛座男子（土）――△

牡羊座と牡牛座は「火」と「土」という、まったく違う性質の組み合わせです。牡羊座女子と牡牛座男子とでは、もともとの時間の感覚、行動や決断力などスピード感が違います。牡羊座女子は猪突猛進なところがあるので、何事にもスピーディですが、牡牛座男子は慎重で、時間がかかります。

たとえばレストランなどでメニューを決めるときでも、牡羊座女子はその店で食べたいと思うものをほぼ即決します。また店員さんとのやりとりなど、その場のノリで決めてしまいます。ところが牡牛座男子は、そんなふうにメニューを決めることはありません。自分自身が本当に気に入ったものや、その店でのこだわりやオススメの品

や お得感などを吟味《ぎんみ》して、自分が納得のいくものを選びたいのです。

牡羊座女子は、マイペースな牡牛座男子にイライラさせられることが多いでしょう。牡羊座はスピード感や自分の目標達成を重視して、道なき道でも突っ走る性格ですが、牡牛座は安定した環境をつくることや守ることを大切にします。いわば、正反対の性格といっていいでしょう。

牡羊座女子は活発で何事にもチャレンジして突き進みます。ときに危なっかしく見える彼女を、牡牛座男子は「自分が守ってあげたい」と思います。牡羊座女子にとっても、しっかり者の牡牛座男子は信頼でき、安心感を感じられる存在です。

出会って、牡牛座男子が「自分のタイプだ」と思って近づいたら、牡羊座女子はそのときのノリのよさで対応し、すぐに二人の距離は縮まるでしょう。

でもなかなか牡牛座男子からの告白はありません。スピード感が、牡羊座と牡牛座とでは違うのです。のんびりしている牡牛座男子に、牡羊座女子は焦れて、そのままの気持ちを牡牛座男子にぶつけてしまったりします。また牡牛座男子も牡羊座女子があまりに無鉄砲なところが理解できなくなるのです。

長くつき合うには、お互いの違いを受け入れ、理解することが大事です。それができれば、二人の関係は続き、お互いに人として成長することができるはずです。

牡牛座女子(土)と牡牛座男子(土)——◎

同じ星座同士の組み合わせは、多くを語らずともわかり合えます。同じ出来事について、二人がほぼ同じ反応をしてしまうからです。

初対面でも、なんだか気が合うと感じたら同じ星座だった、ということがあったのではないでしょうか。

同じ星座同士は、基本の性格が似ているので、気も合うし、行動するにしても、何も言わなくても同じことをしようとしていた、ということがあります。また、同じ星座の二人は、「雰囲気が似てるね」といわれることも多いようです。

相手を尊重し、お互いの好みを共有できると、とても強固なつながりを持つことができます。運命の出会い、永遠の同志、というような、かけがえのない存在として、お互いにとって、なくてはならないパートナーになれるでしょう。

そんな気の合う牡牛座同士は男女ともに、理想が高く、慎重で、マイペースです。そして、どちらもこだわりが強く、ゆずれない部分があります。

たとえ好きになっても、告白までたどりつくまでには相当な時間がかかります。考え方や行動パターンが似ているため、出会った瞬間に好みが合ったり、お互いを意識しはじめますが、なかなか進展しません。

慎重にデートを重ね、運命の出会いだと確信して、ようやくつき合いが始まりますが、一旦、意見が合わなかったり、もめてしまったりすると、お互いに頑固なので、一歩もゆずりません。同じ星座ということは、似た者同士ゆえに、相手の好きな部分もイヤな部分も、あなた自身にある要素なのです。

常に清潔感と居心地のよさを共有し、お互いのペースを尊重し合えるとよい関係が続けられますが、頑固さやわがままをぶつけ合うと、仲直りも時間がかかります。お互いの共有できることを見直し、相手の好みや理想に寄り添うことができれば、深い絆を結んでいくことができるでしょう。

双子座女子（風）と牡牛座男子（土）――△

双子座と牡牛座は「風」と「土」の組み合わせです。双子座は頭の回転が速い星座です。牡牛座男子の好みや行動などをすぐに把握して、牡牛座男子に自然と合わせてあげられるでしょう。

双子座女子には、生来の明るさと得意な言語能力、そして豊富な知識を活かして、牡牛座男子を理解できる能力が備わっています。彼の長所も欠点も理解して、上手に牡牛座男子の能力を活用し、引き出し、伸ばすことができます。牡牛座男子は、双子座女子の助言や情報量の多さに刺激を受け、魅力を感じるでしょう。

ただ、双子座は行動がスピーディで、自由を好みます。牡牛座ののんびりして何を考えているかわからない行動に、うんざりしてしまうこともあります。牡牛座男子のほうも、双子座女子のことを「うるさい」「軽すぎる」と感じることがあるかもしれません。そうなると、すれ違いが発生します。

恋のきっかけは、双子座女子が、牡牛座男子のこだわりや慎重で安心できる存在感を感じたとき。そして恋の終わりは、牡牛座の融通のきかなさに、双子座女子がイラついてしまうことが原因となるでしょう。

牡牛座男子は双子座女子の頭の回転の速さと反応のよさに、一度は気持ちが高まります。けれども、それを口にすることがなかなかできません。そのうちに、気づいたら彼女はどこかに行ってしまったということになりかねません。

双子座が面倒になったり、飽きたりするのは、牡牛座男子のこだわりの強さや、何事にも行動が遅くて、マイペースすぎるところです。でも双子座は二面性を持っているので、飽きて「気が合わない」と悟っていても、それをうまく隠して振る舞うことができます。牡牛座男子より、双子座女子のほうがはるかに大人だということです。

蟹座女子（水）と牡牛座男子（土）――○

蟹座と牡牛座は「水」と「土」という、協力し合える関係です。蟹座は母性が強く、愛情や感情をストレートに出します。それに対して牡牛座は、五感が鋭く慎重です。

蟹座女子の優しさと感情の豊かさは、牡牛座男子にとってあたたかく、安心できる居心地のよい場所になりやすいといえるでしょう。

蟹座女子も牡牛座男子の人なつっこい温厚な感じと、慎重で確実な行動に安心感と頼もしさを感じるでしょう。蟹座の「感じること」と牡牛座の五感が何か一つでも共鳴し合うことができれば、とてもよい関係になれます。

蟹座女子は母性が強いので、それこそ、かゆいところに手が届くというくらいに、彼の面倒を見ます。それが牡牛座男子にはたまりません。

料理をつくってくれたり、なぐさめてくれたり、母親のように世話を焼いてくれる彼女に、牡牛座男子は思い切り甘えることができるのです。また、そんな牡牛座男子を蟹座女子は、母親が子どもを愛するように、愛しく感じます。

これ以上の関係はないほど、うまくいくように思えますが、蟹座女子は、じつは自分も甘えたい星座です。いつまでもお母さん役では疲れてしまいます。

それで彼に感情をぶつけてしまいますが、牡牛座男子は、つねにおだやかでありたいと願っています。そんな彼は、蟹座女子の感情の起伏についていけず、手を焼いてしまいます。

そうなると二人の関係は、あっけなく終わりを告げます。それを避けるには、自分も甘えたいことを、素直に彼に伝えることです。感情を相手にぶつけるだけでは、よい関係は築けません。どちらが大人の対応ができるか。そのバランスが大切になってきます。

獅子座女子（火）と牡牛座男子（土）――△

獅子座と牡牛座は「火」と「土」という、まったく違う性質の組み合わせです。この組み合わせは、お互いを打ち消し合う関係になります。

獅子座女子はプライドが高く、活発です。牡牛座男子は理想が高く、スローペースです。そして、どちらもゆずらない部分を持っています。

獅子座は正直で素直な面もありますが、プライドは高いので、自分からは絶対に相手に媚《こ》びたり、相手の顔色をうかがうことはしません。牡牛座も人あたりがよく温厚に見えますが、頑固さでは12星座一です。

獅子座女子は、コツコツと目標に向かう牡牛座男子に、自分にないものを見て、信頼し、尊敬します。牡牛座男子は、獅子座女子の豊かな創造力で、一生懸命に夢を追いかける姿に魅力を感じます。彼が、彼女であるあなたをサポートするような関係を築けると、二人の距離は縮まります。

けれども、この二人はなかなか歩み寄ることはできません。現実的な牡牛座には、獅子座女子に対して、夢を追いかけている姿も、それをただ楽しんでいるだけのように見えてしまいます。獅子座女子からすれば、牡牛座男子と話をしても、自分の夢が否定されるようで面白くありません。

獅子座は面倒見がよく、牡牛座は人あたりがよいので、表面上はお互いにケンカをするようなことはありませんが、家族や身近な関係になると、自分の思いをぶつけ合うことになってしまいます。

獅子座女子は、根が寂しがり屋のため、物腰が柔らかく、優しくて安心できる牡牛座男子といると居心地がよいでしょう。でも次第に牡牛座男子がわがままになったり、頑固なところを押しつけてきたりして、獅子座女子にはつらくなってきます。

よくも悪くも、人は変わらないものです。彼を変えようとするより、そういう人なんだと受け入れて、自分も、自分の夢も、守っていけば、いい関係を保てるでしょう。

乙女座女子（土）と牡牛座男子（土）――◎

乙女座と牡牛座は「土」と「土」という、同じ性質の組み合わせです。同じ性質なので、ほどよくお互いが理解し合える、居心地のよい関係になれるでしょう。

乙女座はとても繊細で、分析上手の星座です。多くの人が気づかないような、細かい部分にまで、よく気がつきます。コツコツと細かい作業をすることも得意で、他の人が面倒に思うようなことも、きちんとこなしていきます。書類のミスや計算間違いを見つけたりして、職場では、「この人がいれば安心」と思われる存在です。

そんな乙女座女子と一緒だと、牡牛座男子はとても安心していられます。

乙女座女子は、牡牛座男子の物腰の柔らかいところや感性の豊かなところ、堅実なところが好きです。どちらも現実的で、危険なことを冒《おか》したり、スリルを楽しんだりするタイプではありません。そこが二人の気の合うところなのでしょう。

乙女座女子の持つ清潔感や、牡牛座男子への細やかなサポートに、牡牛座男子は惹かれるようになります。また乙女座女子も、牡牛座男子といると、不思議と心がおだやかになれたり、安心感を得られたりすることで、「彼のそばにいたい」と感じるようになって、恋愛に発展します。

慎重でのんびりタイプの牡牛座と、臆病で繊細な乙女座の組み合わせは、お互いが惹かれ合っていても、進展スピードはゆっくりです。でも一度つき合いはじめると、長くつき合っていけるのが、この組み合わせです。

ただし乙女座女子は、牡牛座男子の理想やこだわりをできるだけ受け入れようとするあまり、相手に合わせようと無理をしてしまいがちです。次第に、限界を超え、ストレスを感じてしまうことがあるので注意してください。

牡牛座男子は、心を許した相手にはわがままをいってしまいがちです。そのわがままを許してくれるからこそ、乙女座女子と離れられないということもありますが、ものには限度があります。お互いがそのことを認識して、お互いが「行きすぎない」ように気をつけることが、長続きの秘訣になります。

天秤座女子(風)と牡牛座男子(土)——△

天秤座と牡牛座は「風」と「土」の組み合わせです。本来は違う性質の天秤座と牡牛座なのですが、守護星がどちらも「金星」という同じ天体の星座です。

守護星が同じということで、性質が違っていてもわかり合える部分が多くあります。

たとえば、「美しさ」に惹かれるというところが、二人の共通点です。天秤座は芸術的センスもあり、華やかです。牡牛座も、こだわりの美意識があります。この「美しさ」を好むことが共通項の二人は、性格や行動など細かい部分は違っていても、お互いのセンスは認め合えるのです。

天秤座女子は華やかで、おしゃれです。牡牛座男子は、彼女の美しく、センスのよいところに惹かれます。牡牛座男子は、おいしいお店やこだわりのブランド、音楽などを常に探求しています。そんな二人は、情報交換や会話をするだけでも、楽しい時間がすごせるのです。

ただし、守護星が同じ「金星」だとはいっていても、やはり性質は違います。天秤座は美しいものを見ているだけでも満足しますが、牡牛座は必ず自分のものにしたいのです。天秤座は常に軽やかに、しなやかにありたいので、その場の状況で臨機応変に対応ができますが、牡牛座はとことん自分の理想を追求します。

たとえば、ある絵画が気に入ったものの、いろいろな条件をクリアしなければ購入できない場合などに、天秤座は購入できないのであれば、鑑賞して楽しもうと考えますが、牡牛座はどうしても欲しくなって購入できる方法を調べたりします。どうしても自分のものにしたいのです。

天秤座は社交的なので、人とのつき合い方が上手です。牡牛座も物腰が柔らかく、人づき合いも悪くありません。でも牡牛座から見ると、天秤座は少し八方美人に見えます。天秤座女子は第一印象がいいので、ほかの男性から誘われやすいのです。牡牛座男子は独占欲が強く、ヤキモチ焼きです。また天秤座から見ると、牡牛座のこだわりの強い行動は、ちょっとダサく見えます。束縛を嫌い、美意識の高い天秤座女子は、次第に牡牛座男子に嫌気がさして、別れてしまうこともあります。

お互いのセンスを認め合い、お互いが楽しむことによって、お互いの成長や新しい発見があるでしょう。そうなれば幸せな関係が築いていけます。

蠍座女子（水）と牡牛座男子（土）――○

蠍座と牡牛座は「水」と「土」という、協力し合える関係です。蠍座の集中力と牡牛座のゆっくりだけれど確実な行動力は、お互いに信頼できる関係を構築します。蠍座はいろいろなことを表に出さない星座で、一つのことにのめり込むことができます。牡牛座は目的のものが見つかると、ゆっくりではありますが、確実に目標を達成します。この二人はお互いのペースを崩さないので、一緒にいても、自然と協力し合うことができるのです。

牡牛座男子が自分のペースで進めたいと思っているときに、蠍座女子は黙って、彼のそばにいます。そんな蠍座女子の静かさが彼には居心地がよく感じます。

蠍座は水の星座で、深い愛を持っています。理想が高く、頑固な牡牛座を深い愛で静かに見守ることができます。牡牛座男子の多少のわがままも黙って聞いてあげられます。どちらの星座もタフで辛抱強く、独占欲が強いのです。愛し合う関係になれば、二人のあいだには誰も入り込めません。お互いの、相手を独占したいという気持ちで固く結ばれるのです。

性的にも好奇心旺盛で懐《ふところ》が深い蠍座女子なので、牡牛座男子が満足いくまで、いろいろなプレイにつき合えます。でもお互いに、一度でも相手を裏切ったり、怒らせたりしてしまうと、泥沼状態になります。

独占欲の強い牡牛座男子はキレてしまいます。日頃、温厚な牡牛座男子がキレると、手がつけられません。

また蠍座女子も、執着や愛情が憎しみに変わると、とても怖いのです。愛した人だからこそ、裏切りが許せない、ということになりがちです。彼に反省させたい気持ちから、意地悪をしてしまうこともあるかもしれません。ときにそれがエスカレートして、自分でもコントロールできないということがあるでしょう。

お互いの愛の深さと独占欲の強さから、別れの時に一番もつれるのが、この組み合わせかもしれません。

射手座女子(火)と牡牛座男子(土)——△

射手座と牡羊座は「火」と「土」という、まったく違う性質の組み合わせです。この組み合わせは、お互いを打ち消し合う関係になります。

射手座は好奇心旺盛で活動的です。そして自由奔放です。牡牛座は自分の理想をマイペースに追い求めます。スピード感や行動パターンがまったく違うので、なかなか噛み合わない二人です。

射手座女子は、自由が大好きです。一定の枠や価値観にとらわれることを、とても嫌います。また的《まと》に矢を射るように、一つのことに没頭しがちなところもあります。文学であったり思想であったり、ときには、その価値があるとは思えないようなことでも射手座は研究することが好きです。それだけ行動力があり、頭のいい人が揃っているのです。

牡牛座男子は感性が豊かなので、自分がこだわっているものには知識も情報も持っています。そういうこだわりの部分に、射手座女子は惹かれることがあります。牡牛座男子に好きなブランドの話をされたり、おいしい料理店を知っていたりという彼の行動や趣味に、射手座女子は好奇心のアンテナが立ち、興味が湧くのです。

牡牛座男子の感性やこだわりを素敵だと感じる射手座女子は、一気に牡牛座男子にアプローチしますが、その勢いやスピードに牡牛座男子はついていけません。牡牛座男子がモタモタしている間に、射手座女子は次の好奇心へと移っていきます。

牡牛座男子も、頭のよさと行動力を持つ射手座女子に、自分にないものを持っていると魅力を感じるでしょう。でも射手座女子は自由奔放に行動するので、牡牛座男子は彼女を独占することができません。彼女は好奇心のまま飛んでいってしまうので、牡牛座男子は、それを寂しく感じて、自然と距離が広がります。

仲よくなると、牡牛座男子のわがままが出ます。射手座女子は、そんな幼稚な態度は相手にせず、そのまま去っていきます。

射手座女子と牡牛座男子は、お互いの知識や興味のあることを共有して楽しむことができれば、関係も長く続いていくでしょう。

山羊座女子（土）と牡牛座男子（土）――◎

山羊座と牡牛座は「土」と「土」という、同じ性質の組み合わせです。同じ性質なので、ほどよくお互いが理解し合うことができます。

山羊座は、現実的で忍耐力のある星座です。この星座の女子は目標を決めたら、コツコツと着実に積み上げていくことが得意です。これは牡牛座男子もとてもよく似ています。目標に向けて、事前の準備、計画、行動プランなどを用意し、着実に達成していく山羊座女子の堅実的な進め方は、牡牛座男子と共通するところがあり、一緒に行動するときにストレスを感じることがありません。

いったん信頼関係を築くことができれば、特別な事件や問題が起きないかぎり、その関係は半永久的に続けることができます。お互いの存在が居心地よいのです。

相性がよく、息が合う組み合わせですが、どちらともペースが遅いほうで、変化や冒険を好まないので、一緒にいても変化や刺激はなく、マンネリ化してきます。

この「マンネリ」は「安心」ともとらえられますが、まったく変化がないかといえば、そうでもありません。

牡牛座男子のこだわりに山羊座女子がつき合うことで、変化のある時間が過ごせるでしょう。「○○を一緒に食べよう」とか「気になる○○を見に行こう」とか、牡牛座男子の趣味から新しい発見をすることができます。

また、寂しがり屋の山羊座女子は、牡牛座男子と一緒だと安心できます。スキンシップの多い牡牛座男子に山羊座女子は愛されていることを実感することができます。

親密になると牡牛座男子のわがままが出てきます。山羊座女子が牡牛座男子のわがままを愛の証と甘やかすか、厳しく接するかということで力関係が決まります。

お互いマイペースで忍耐力が強いので、何かあってもギリギリまで我慢しますが、最後にはどちらかがキレるかもしれません。片方がキレる程度ならまだよいのですが、お互いがキレてしまうと頑固者同士、もめごとが長引くこともあります。

水瓶座女子（風）と牡牛座男子（土）――△

5

Compatibility

牡牛座男子との相性

水瓶座と牡牛座は「風」と「土」の組み合わせです。水瓶座はとても自由で博愛主義の星座です。権力や地位などによって差別せず、公平な心を持っています。

そんな水瓶座女子は個性的で、ヒラメキに満ちています。ファッションも一般より一歩先を進んでいるような奇抜なものだったりします。牡牛座男子にはまったく理解できないか、自分にないものを持っていることで興味を抱くか、どちらか極端な反応になります。

水瓶座女子の感性と行動は独特で、牡牛座男子には、その言動がめずらしい、というほどかもしれません。けれども、自分の感性に合うところがあると彼が思えば、二人は仲よくなれます。ただし、慎重な牡牛座は、やはり水瓶座女子の独特の感覚が理解できず、深入りしないようにするはずです。

水瓶座女子も本来博愛主義で広い視野を持つタイプなので、こだわりが強く所有欲と独占欲も強い牡牛座男子のことが理解できません。

唯一共通の会話として成り立つのは、お互いの興味あることが一致したときくらいでしょう。たとえば、あるブランドの最先端のファッションを水瓶座女子が身につけていて、そのブランドに牡牛座男子の趣味が合うとそれが気になって交流が始まったりする場合があります。ただし、水瓶座女子の誰にでも公平な優しさと、あふれるオリジナリティに関心はあるものの、牡牛座男子は、もう一歩、踏み込むことができません。

水瓶座女子も、安定感のある牡牛座男子のことを頼もしいとは感じますが、自分から熱心にアプローチをしたり、恋愛にのめり込むことはありません。

水瓶座女子は人に干渉することがないので、お互いが割り切った関係だと、牡牛座男子ともほどよい距離感でつき合えます。

仕事などで同じチームになった場合は、水瓶座女子のヒラメキを牡牛座男子が現実的に計画したり、かたちにしたりするという役割分担ができます。共同作業も順調に進められる関係です。

魚座女子（水）と牡牛座男子（土）――○

魚座と牡牛座は「水」と「土」という、協力し合える関係です。魚座はとても優しく、広い心で多くの人に愛を注いでいきます。牡牛座がマイペースで目標や理想に向かって進んでいるときも、献身的に協力してくれるのが魚座女子です。全身全霊で牡牛座男子を支えようとするでしょう。

牡牛座男子は、そんな魚座女子と一緒にいることで、安心感と居心地のよさを感じます。また魚座女子は、彼のわがままも、すべて受け入れます。

牡牛座男子は、とにかく尽くしてくれる魚座女子に恋するでしょう。「なんてけなげで、優しい女性だろう」と。そして自分のものになったら、ずっと大切に守ってくれるでしょう。魚座女子も、慎重で堅実な牡牛座男子に心からやすらぎ、この人とずっと一緒にいたい、応援したいと思います。

ただ、この二人は、どちらも平和的でのんびりしているので、なかなか発展しません。つき合いはじめも、つき合いはじめてからも、静かで、おだやかな時間ばかりが過ぎていきます。平和を好む二人は、何事もなくマンネリ化してしまう場合が多くなります。

そのまま、幸せな心地よい時間となればよいのですが、心を開いた人には、牡牛座男子のわがままはエスカレートしていきます。

魚座女子は、このことを知らないとびっくりしてしまいます。彼がわがままになったのは、愛の証だと頭では理解していても、あまりにも度が過ぎて、彼の真意がわからなくなって、ときには、泣いてしまうこともあります。

魚座は優しいので、人を困らせるようなことはしません。相手のことを思いやるのが魚座にとっては自然なことです。いくら親しい相手でもわがままをいうことなど、魚座には決してあり得ないことです。自分のこだわりばかりを押しつけてくる牡牛座男子に、「人としてどうなの？」と思うようになると、その恋は終わりを告げます。

牡牛座男子は、つい魚座女子の優しさに甘えてしまいがちですが、彼のわがままを魚座女子がどこまで許してあげられるかが二人の関係を左右します。

6
Relationship
牡牛座男子との
つき合い方

牡牛座男子が家族の場合

父親、兄弟、息子が牡牛座の人

父親が牡牛座の人

牡牛座男子を父に持ったあなたは、父親がとても頑固に見えるでしょう。

牡牛座が父親になると、家族を大切に守ろうとします。でもその守り方、大切にする方法が、家族には身勝手なこだわりに思えるのです。

家具はもちろん、家族一人ひとりの趣味にまでいちいち口を出します。そのうえにケチです。少なくとも、子ども時代のあなたには、牡牛座の父親は、そんなふうに見えていたことでしょう。

また、外ヅラがよいのに家族に対してはとても厳しいので、「お父さんは自分勝手だ」と感じて、父親とあまり交流を持たなくなってしまったという人もいるでしょう。

牡牛座の父親は温厚そうに見えても、こうと思ったらテコでも動かない。家庭は自分の理想を叶える大切な環境なので、それを断固として、ゆずりません。

でも、あなたたち家族や子どものことは、異常なくらい大切に思っています。そうすることが、父親としての理想の姿だと思っているのです。

家族を大切に思うからこそ、家族を守るために厳しいことをいったり、ケチにもなったりするわけです。頑固なところはいただけませんが、それもこれも家族を愛すればこそ、と思えば、牡牛座の父親は本当にいいお父さんです。

そんな父親に感謝の気持ちを伝えたいと思ったら、「誕生日」や「父の日」には、父親が喜ぶものをプレゼントしましょう。こだわりの強い父親の、本当に欲しいものを事前にチェックして、「○○の○○」というブランド名や色、形などにこだわったものを選ぶといいでしょう。高級なものを買うことができなかったら、ハグしたり、さりげなく手を握るなどのスキンシップをするのでもかまいません。

牡牛座の父親は、家族に喜ばれて、感謝されていることがわかったら、これからもいっそう家族を、子どものあなたを大切に守っていこう、という気持ちになってくれます。

兄弟が牡牛座の人

同年代の場合、一般的に女性のほうが精神年齢は高いので、牡牛座男子を兄弟を持つあなたは「男って面倒くさい」と感じたことがあるでしょう。

幼いころから、なぜかこだわりが強くて頑固。大人になった今は、ますますこだわりが強くて、わがままになったと感じているのではないでしょうか。

欲しいものは必ず手に入れるし、身のまわりのものや持ち物にこだわる。マイペースで、何をしたいのかよくわからないけど、とりあえずはちゃんと人生を歩いているから、その点は安心。

そんな牡牛座男子の兄を持つあなたは、趣味や好みを押しつけられることが多かったはずです。「男のくせに口うるさい」と感じたことも一度や二度ではないでしょう。

牡牛座男子の弟を持つあなたは、マイペースすぎる行動にイライラしていたのではないでしょうか。勉強も遊びも、周囲がなんといおうと自分のペースを崩さない弟が歯がゆくてしょうがなかったのではないでしょうか。

でも、牡牛座男子の兄弟は、牡牛座の持つ個性を発揮して、自分の目標に向かって着実に進んでいきます。スローでマイペースだけど、ちゃんと出世もすれば、成果を上げて結果につなげたりしています。家族や心を開いた人には、ときに甘えたり、わがままをいったりしてしまうけれど、社会で自分なりにがんばっているのです。

身内だからこそ厳しく、ついついシビアな目で見てしまいますが、牡牛座男子の兄弟を、秘かに自慢に思っている人も少なくないでしょう。

彼らのこだわりと意志の強さは、身内としては誇らしいものです。

「よくがんばっているな」――そんな気持ちを込めて、たまにはプレゼントをしてみるのもよいでしょう。彼らの本当に欲しいものをご褒美《ほうび》として贈ることで、彼は元気になり、次への励《はげ》みになります。

身内だからこそ知っている彼の本当の好みの贈りものは、牡牛座男子にとっては、大切な記念の品になるでしょう。

息子が牡牛座の人

牡牛座男子の息子は、とても感性が豊かです。とくに小さいころは、大人が思ってもみないような感性で自分の世界を生きています。

他の子よりも何でも遅いけど、一つのことに夢中になると、コツコツと何かをつくりあげたり、成し遂げたりすることができます。

五感の鋭《するど》さは、ときにわがままと合わさってしまうことがあります。どうしても、この毛布でなければ寝られないとなれば、旅行でも学校でも、それを持っていきたがります。ひょっとしたら大人になっても、その毛布を離さないかもしれません。

それほど、一つのものにこだわるところがありますが、そこには、居心地のよさと安心感を求める強い思いがあります。

こだわりが強すぎて、嘘もいえない分、自分の意見も曲げません。「欲しい」と思ったら「絶対欲しい」とねだる駄々っ子も多いです。

本来は我慢強いところもありますが、小さいころは、大人が、彼のわがままと甘えの区別を見極めることも大切です。

牡牛座の男の子は、自分の感性を頼りに、理想の人生を歩んでいこうとします。意志が強く、目標を達成するまで突き進んでいく。夢を現実にできる能力を持っているのです。そんな素晴らしい才能と、もって生まれた感性の豊かさを生かし、理想の人生を思う存分楽しめるように、愛を注いで育てていきましょう。

牡牛座男子が友人（同僚）の場合

こだわりの強い彼と上手につき合うコツ

とても人なつっこく、頼りがいのある彼。なんでも話しやすいし、コツコツと何かをつくりあげたり、こだわりの品を持っている彼は、きっと牡牛座ではないでしょうか？

おいしい料理のお店を聞くといっぱい教えてくれたり、おしゃれなショップを知っていたり。仕事もコツコツと、着実に進めてくれる。そんな、ちょっとこだわりを持っていて、どこかホッとする存在が、牡牛座男子です。

牡牛座男子は職場でも話しかけやすいし、そこにいるだけで安心できます。

また一緒に何か作業をするときも、マイペースではありますが、その場を和気あいあいとしたものにします。

ときどき、動きが遅いと感じても、イライラしてはいけません。彼のペースで、着実に、確実に仕上げます。

また牡牛座男子は、ファッションにもこだわりがあって、その知識も豊富です。上質なものも好きで、ちょっとしたものでも、こだわって使っていたりします。

仕事仲間としては、人あたりもよく、非常識なことをするようなことはありません。ただし、ひとたび仲よくなると、それまで見せなかった牡牛座本来のわがままな面が顔を出します。

あなたに心を許しているからこそ、素の自分を出せているのです。

人との争いやもめるのが嫌いなので、こちらからケンカをしかけたりしない限り、うまくつき合っていけるでしょう。牡牛座の友人（同僚）の個性を理解して、よい関係を築いていきましょう。

牡牛座男子が目上（上司、先輩）の場合

彼の欠点を知ったうえで、応援してもらうコツ

一見温厚で優しそうな牡牛座男子が目上（上司、先輩）にいたら、まず彼らの好みを理解することが必要です。

牡牛座の上司は、話しかけやすくて優しそうなので、ついつい甘えて、馴れ馴れしくしてしまうことがありますが、おだやかな外見と違い、内面は案外厳しく相手を見ています。甘えすぎないように注意しましょう。

仕事の面でも、きちんと確実に進めることを重視する牡牛座の上司は、いい加減な仕事の仕方や無計画なことを嫌います。

またリスクを冒しそうなことは、避けて通るのが牡牛座のルールです。

アイデアや企画を提案するときには、きちんと計画された内容になっているかを

チェックして用意するようにしましょう。

仕事を進めるにしても、慎重に、確実に、結果が見えるように心がけましょう。

牡牛座上司は、結果が伴わなければ、いかに経過がちゃんとしていても、評価することはありません。金額や数字、メリットなど、確実な結果を証明し、それを獲得することが牡牛座の上司にとっては最優先事項なのです。

目上（上司、先輩）の牡牛座男子の仕事の進め方は、ちょっと要領が悪く、古い考えに固執しているように見えるかもしれません。でも、彼らはそのやり方で実績を上げてきました。彼らの美学と歴史があるのです。そういうところを軽く見たり、適当にあしらったりすると、目上（上司、先輩）の牡牛座男子の顰蹙《ひんしゅく》を買うことになります。

彼らの実績と美学をきちんと認め、学ぶ姿勢を表すと可愛がられるでしょう。

牡牛座男子が年下（部下、後輩）の場合

利益や報酬を提示して大きく育てる

派手な目立つタイプではないけど、誰にでも可愛がられて、なんだか頼れる。そんな牡牛座男子が部下や後輩にいれば、安心して仕事や頼みごとを任せられます。

仕事の進め方は決して速くはありませんが、確実に仕上げてきます。ひょっとしたら、仕上がりは予想以上のものになるかもしれません。

彼には自分なりのペースがあり、こだわりがあります。先輩であるあなたは、そのこだわりの部分を生かしてあげると、彼はやりがいを見つけ、きちんと成果につなげていくでしょう。

一見、人あたりがよいので話しやすいのですが、彼は自分が納得しないことには断固として自分の意思を曲げません。相手が先輩だろうが年上だろうが、自分が納得し

ないと動かないのです。仕事だけでなく、何かを始めるときには、いつもそうなります。

また作業するにしても、頭で理解できるまでにも多少時間がかかるかもしれません。それは頭が悪いということではなく、すべてが彼らのペースなのです。決して急かしたり、イライラをぶつけたりしてはいけません。彼らの納得いくペースを理解し、上手に応援してあげるようにしましょう。

仕事や企画については、彼らが喜ぶ結果や利益などを提示してあげるようにすると、それを目標に、俄然やる気を出します。

彼は、一旦それを始めたら、必ず目標を達成しますので、同じチームとしては信頼できる大切な仲間になります。

牡牛座の個性を理解し、上手に応援しつつ、頼もしい部下の牡牛座男子を育てていきましょう。

牡牛座男子が恋人未満の場合

彼の理想に近づける努力と行動が距離を縮める

どこか安心できる牡牛座男子。「自分の価値観をしっかりと持っている生き方が素敵」「真面目なところが信頼できる」――そんな彼のことを好きなあなたは、まず彼のこだわりを共有したり、理解したりしてあげてください。そして彼の五感に響くようなものを、最低でも一つは持つようにしてください。

牡牛座男子は五感が鋭いので、理想も高いです。自分の五感を満たして生きていたいのです。

たとえば見た目についても、彼の好みの女性に近づけるようなメイクをしたりして、努力をすることが大切です。清潔感は、最低でも必須事項です。見た目だけでなく、おいしい料理やお花やマナーなどの教養を身につけ、彼がどのようにしたら心地よく過ごせるかということを考え、行動しましょう。言葉遣いも優しく、美しくしましょう。牡牛座男子は、とにかく理想が高いのです。

そんな彼のことを好きなあなたが、彼と仲よくなり、次第に距離を縮めたとしても、「なかなか告白してくれない」という状況になりがちです。

牡牛座男子はつき合うまでに、長い時間がかかります。あなたがずっと一緒にいても、きっと自分のことが好きでいてくれるとわかっていても、彼はなかなか告白ができない。それはどうしてかといえば、彼のなかで覚悟と確信が持てないからです。

彼はあなたに、よく触れますか？　彼はあなたに、わがままをいいますか？

こんなことに思い当たるなら、彼はあなたに心を開いています。もうあなたのことが好きになっています。でも人一倍慎重な彼は、なかなか告白できません。普段はとても頼もしく見えても、いざ恋愛となると彼は極端に臆病で純情になるのです。

もしあなたが彼は自分のことを好きだと確信していたら、自分から告白してもよいでしょう。

牡牛座男子が苦手（嫌い）な場合

無理に好きになる必要はない、でも理解してみる

あなたは牡牛座男子のどこが苦手ですか？　こだわりの強いところですか？　頑固なところですか？　がめついところですか？

それは、牡牛座男子の性分なので仕方がないのです。

あなたが感じている通り、こだわりが強いところも、頑固なところも、がめついところもあるのが、牡牛座です。この星座の男子は慎重で、理想が高いのです。

五感の鋭さが12星座のなかでもトップクラスの牡牛座男子は、無意識のうちに自分の感性がどうしても優先されてしまうのです。

五感である「視覚・嗅覚・味覚・触覚・聴覚」の反応がよく、それを生きるうえで大切にしている彼は、ちょっとしたことでも、こだわりが出てしまいます。

味覚にしても、食べ物はおいしいものを食べて当たり前という考えなので、少しでもまずいものは、彼らの生命をおびやかすことのように許せないことなのです。他の感覚についても、彼らは自分の感覚をもっとも信用していて、人生を左右するほど大切なことなので、選択にも慎重になり、こだわるのです。

それだけ、いい加減な生き方をしていない、ということです。いい加減な生き方をしないので、行動も判断も慎重になります。

そして「コレだ」と決めたことを信じ、守り抜く強さがあります。守り抜く強さと信じ抜く強さがあるので、融通がききません。それゆえ頑固だといわれます。

また自分の信じたものを守るために、欲しいものは素直に欲しいといえるのです。他の人がいても最後に残ったものを「欲しいのでください」といえるのは、牡牛座の特徴です。

日本という国では、「欲しい」と口に出すことは「恥ずかしい」という文化があります。とくにお金や食べ物などは、「欲しい」とはなかなかいえないものです。

でも牡牛座は、欲しいものはきちんと欲しいといえるのです。それを「がめつい」「強欲」と思われることがあります。でも欲しいという欲求は本当は誰にもあることで、きちんといえる牡牛座は正直で強い心を持つ人なのです。

「やっぱりそんな人は嫌いだわ」と思ってしまっては、仕方のないことです。

一見おだやかそうに見えるけど、つき合ってみたり仲よくなると違う面が見えてくるのが牡牛座です。第一印象のソフトでおだやかな感じの牡牛座が、押しの強い部分や欲ばりだと感じる部分が見えてくると確かにギャップが生まれるかもしれません。

でもそのギャップをかわいいと思って、もう一歩近づいてみてはいかがでしょうか。

7

Maintenance

牡牛座男子の強みと弱点

牡牛座男子の強み

欲しいと決めたら必ず手に入れる

牡牛座男子の感性の豊かさは、12星座中でもトップクラスです。また理想のものを獲得する現実的な力も兼ね備えています。欲しいものを手にするため、理想を実現するために行動できるパワーは、牡牛座の素晴らしい才能です。

「欲しい」ものは「欲しい」といえる、正直で強い心も持っています。

時間がかかろうと、困難にあおうと、「欲しい」と思ったものを着実に獲得するまで計画的に努力し続けることができます。

「欲しい」ものは物質的なものが多いのですが、それだけではありません。

夢や願望を現実的な社会でかたちにできるのも、牡牛座男子の才能の一つです。

牡牛座男子は、現実的な〝いま〟を生き抜く強さを持っているのです。

牡牛座男子の弱点

居心地のよくない環境が苦手

ものごしも柔らかく、優しい人という第一印象の牡牛座ですが、感性が鋭すぎるあまり、環境の変化には人一倍、敏感です。

自分に合わない環境や馴染めない居心地の悪い空間では、機嫌が悪くなったり、体調を崩してしまったりします。

また人と争ったり、ケンカをすることが苦手なので、どこか自分の意見がいえなかったり、気持ちを抑え込んでしまったりということがあります。

心のなかで自分が納得できないことは、決して受け入れたくないという思いがあるので、限界まで我慢します。日頃はおとなしい牡牛座男子ですが、我慢の限界が来たら、突然キレてしまい、周囲の人は、ものすごくビックリします。

星座の特徴として、耳鼻咽喉や首に関係するトラブルが多くなります。環境に対応できないときにストレスがたまり、耳や鼻など五感の嗅覚や聴覚というような部分に症状が出やすくなります。回復力はある星座なので、疲れを感じたら早めに休むようにしましょう。

環境やその場の雰囲気で、体調が大きく左右される牡牛座です。日頃から自宅など自分の居場所を心地よく快適に過ごせるようにしておきましょう。

8

Option

牡牛座男子と幸せになる秘訣

牡牛座男子を愛するあなたへ

彼のこだわりを理解すること

牡牛座男子は上質なものやおいしいもの、おしゃれなことを知っているし、生活設計もしっかりしていて頼もしい。そんなあなたの愛した牡牛座男子にはあなたが彼のこだわりを理解してあげてください。

彼は五感が発達していて、感性豊かです。その五感を満たしながら人生を生きていきたいのです。五感が発達しているからこそ、おいしいものを食べたいし、他の人よりもよい音を聴きたいし、美しいものを見ていたいと願い、それゆえに他の人には見えないものを見抜く力とセンスがあるのです。そのせいで理想が高くなってしまうのです。

彼らの感性は心を豊かにします。美しいもの、質のよいものを知ると、いままで気づかなかったものに気づかせてくれます。たとえば「こんなに素敵な音楽があった」と知ると感動し、もっとよい音楽が聴きたくなります。他にも、上質なものや美しい絵画は人に感動を与えてくれます。

彼らのこだわりが感動をつくり、多くの人へつなげてくれています。

不安の多い〝いまの時代〟には彼らの豊かな心と、確実で堅実な言動が安心を与え、明るい未来を想像させてくれます。

多くの人に明るい未来が想像できるようになると、いまに希望が持てます。

そんな、心を豊かにし、未来を明るくしてくれる牡牛座男子には、あなたの愛が必要です。

牡牛座男子が幸せを感じる瞬間

心地よい体感と理想のプレゼント

牡牛座は心地よいことがいちばん好きです。気持ちよいと体感できることで幸せを感じます。

体感にはいろいろありますが、お腹が空いたときの、ものすごくおいしい料理や、仕事でヘトヘトになったときの気持ちよいマッサージなど、状況を最高に満たせる体感だとより満足度が上がります。

たとえば、誕生日などの記念日に本当に欲しかったプレゼントをもらえると、牡牛座男子は喜びます。ただし、この体感もプレゼントも本当に牡牛座男子の好みのものに限られるので、日頃からのリサーチが大切です。

理想が高い牡牛座男子のこだわりが、どこにあるかを知ることです。

その意味で、プレゼント一つでも、探すのが大変でしょう。

でも、そんな彼が喜んでくれるときは、本心から嬉しいのです。

彼は本心で思っていないことは口に出せない、正直なところがあります。

口先だけで軽はずみなことはいいません。

だからこそ彼の喜びは本物なのです。

正直な彼を心から感動させたり、喜ばせたりしてあげましょう。次第に、あなたのセンスも磨かれていくでしょう。

牡牛座男子と一緒に幸せになる

頑固な愛すべき存在

理想が高く頑固な牡牛座男子ですが、真面目で現実的な生き方は、12星座のなかで一番です。

この不安定な社会といわれる現代において、とても貴重な存在なのです。

現実的で、真面目、自分で決めた道を着実に歩いていくという性格は、女性なら誰しもが求めているものです。それを彼らは持っています。

現実的なので経済力もある程度安定していますし、人生設計もしっかり考えています。

「経済力」は、現代社会で生きるうえで、たいへん必要なものです。

生活をするにしても住む家や食べ物、衣類や移動に使う交通費など、お金がないといまの時代はなかなかうまくいきません。

また、だらだらとなんとなく生きていたら、時間はあっという間に過ぎていきます。

牡牛座男子は、自分の人生の生き方を、若いうちからしっかりと計画し、着実に歩いていいます。先の見えない不安定ないまの時代に、牡牛座男子の現実的な生き方は必要です。安心した生活をしたいと思っている女性には、なくてはならない存在です。

少々理想が高く、こだわりがあるのも、正直で真面目な性格のせいなのです。

頑固でわがままという扱いにくい面もありますが、子どものように正直な牡牛座男子は、かわいい愛すべき存在です。

積極的に愛してあげてください。

牡牛座男子にかぎらず、その人のことを知れば知るほど、欠点が目について、「やっぱりやめておこう」「こんな人とはつき合えない」と思うことがあるかもしれません。

でも、欠点はお互い様です。そして、欠点は長所の裏返しです。

そのことを理解して努力することに、私たちの生きる目的があります。

牡牛座男子と幸せになるには、彼を理解することです。

理想が高い彼も、ときどきわがままをいう彼も、受け入れてあげることです。

あなたが無理をする必要はありません。

あなたはあなたのままで、つき合っていけばいいのです。

彼が戸惑うこともあるかもしれませんが、彼なりに、あなたを理解しようとしてくれているのであれば、そのことを認めてあげてください。

お互いに認め合うことができれば、一人と一人の人間同士、愛し、愛される関係を築いていけるのではないでしょうか。

おわりに
相手を理解して運命を好転させる

人は夜空に輝く星を、はるか昔から眺めながら生活してきました。それはただ美しいと感じるだけではなく、あるときは生きるために、あるときは王様や国の運命を知るために、星の動きや位置を見ていたのです。たとえば、昔の人は、月が欠けて出なくなると、大騒ぎでした。夜が真っ暗になると不安だったのです。反対に満月になると大喜びしたものです。その月や星の動きや位置を、たくさんの人が関わりながら研究し、長い長い時間を経て、現代の私たちに伝えてきたのです。

さて、本書では、牡牛座男子のいいところも悪いところも書いてきました。性格にはいいも悪いもなく、長所と短所は背中合わせです。長所がいきすぎれば短所になり、短所と思っていたところが長所になることもあります。

牡牛座は4月21日から5月20日（その年によって多少ズレがあります）のあいだに生まれた人です。西洋占星学では、一年は牡羊座から始まり、最後の魚座まで12の星座に分類しています。それぞれに長所があり、短所があります。

頑固で理想が高い牡牛座男子は、あなたの星座によっては、ときに理解しがたい存在かもしれません。

自分の常識では、

「どうして、そんなふうにいうの？」

「どうして、そんな態度をとるの？」

と思うことも少なくないかもしれません。

けれども、「牡牛座」の価値観や感情の起伏《きふく》を知れば、許せるかどうかはともかく、理解することはできるでしょう。

彼を理解することで、自分への理解を深めることもできます。

彼に対しての「許せないこと」は、あなたにとっての大切なことです。

それがわかれば、あなたのことを彼に理解してもらえるかもしれません。

牡牛座は、いったん理解できれば、それを強く信じることができる星座です。あなたのことを理解したなら、それまで以上に、あなたを応援する気持ちが強くなります。

ところで、早稲田運命学研究会は、２００９年2月25日（新月）、一粒万倍日に発足しました。

「一粒万倍日」とは、「大安」と同じように縁起のいい日のことで、「一粒の籾《もみ》が万倍にも実る稲穂になる」という意味です。結婚や開業、なにか新しいことをスタートするときには、この日を選ぶと繁栄します。反対に、この日に借金などをすると、借金が大きくなってしまうので避けなければなりません。

それはともかく、早稲田運命学研究会は、運命を読み解いていくことを目的として、私が主宰しているものです。

「運命」を読み解くには、その前に、そもそも「運命」とは何であるかを押さえておかなければなりません。いい換えれば、その人の「運命を決めるもの」とは何か、ということです。

これは、「占術」のジャンルで見ていけば、わかりやすいかもしれません。

つまり、姓名判断の人から見れば、「運命は名前によって決まる」というでしょうし、占星学でいえば、「生まれた星の位置で決まる」ということになります。

そう考えると、「運命を決めるもの」は、占い師の数だけあるといってもいいでしょう。それらのどれが正しい、正しくないということはありません。むしろ、そのすべてに一理ある、と私は思っています。

しかし、ときに運と運命を一緒くたにしている人がいます。あるいは受けとる側が、一緒くたにしてしまうことがある、ということもあります。

運命とは何かというときに、それは「運」とはまったく違うものだということを、しっかり憶えておきましょう。

「運」というのは、簡単にいえば、「拾えるもの」です。

「運命」というのは、「運」のように、たまたま拾ったりというものではありません。

「命を運ぶこと」が、「運命」です。

自分の命をどう運ぶか、ということ。そこに「たまたま」という偶然はありません。

それだけに非常に厳しいものだ、と考えなければならないものです。

あることがきっかけで運命が変わった、という人は多いでしょう。

たとえば、結婚をして運命が変わったとか、その会社に就職して運命が変わった、というようなことがあるでしょう。

結局は「そうなる運命」だったということもできますが、もしも「変わった」とすれば、それは、その人自身があるところで、「自分の命の運び方」を変えたことによって起きたのです。

この「運命を変える」ことは、簡単ではありません。

ある日誰かがひょいと自分を持ち上げて、「うまくいかない運命の道」から「うまくいく運命の道」に置き換えてくれたら楽ですが、そんな「奇跡」は起こりません。

しかし、あなた自身が、自分の「命の運び方」を変えさえすれば、あなたの運命はあなたの望むように変えることができるのです。


私はもともと運命論者で、文芸誌の編集者時代に、芥川賞作家にして、手相学・人相学の天才ともいわれた五味康祐《こうすけ》に人相学・手相学をはじめとする「運命学」を直接学び、以来、独自に研究を重ねながら、運命に関する著作も多く執筆してきました。当会顧問のアストロロジャー、來夢先生は、そんな私のことを「運命実践家」と呼びます。『12星座で「いちばんプライドが高い」牡羊座男子の取扱説明書』に続いて、本書でも共に監修していただけたことに心から感謝申し上げます。

運命の本質を知ることは自分を知ることであり、人生を拓《ひら》く大切な一歩になります。

『牡牛座男子の取扱説明書』を手にとってくださったあなたは、いま現在、牡牛座の男性とつき合っているのかもしれません。これからつき合おうと思って読んでみたという人もいるでしょう。あるいは職場や仕事上で、牡羊座の男性と関わりがあるという人も多いはずです。

12星座のなかで「いちばんお金持ちになれる」牡牛座男子とつき合っていくときに、ぜひ本書を脇に置いて、ことあるごとにページをめくっていただけたら幸いです。

早稲田運命学研究会主宰
櫻井秀勲

●監修者プロフィール

來夢（らいむ）

アストロロジャー&スピリチュアリスト。星活学協会会長。経営アストロロジー協会会長。早稲田運命学研究会顧問。マイナスエネルギーをいかにプラスに変えるかという実用的な視点から占星学を活用。OL、主婦からビジネスマン、成功経営者まで、秘密の指南役として絶大な支持を得ている。著書に『月のリズム　ポケット版』『「あたりまえ」を「感謝」に変えれば「幸せの扉」が開かれる』（きずな出版）、『「運」の正体』（ワック）、『らせんの法則で人生を成功に導く　春夏秋冬理論』『運活力』（実業之日本社）、共著に『誕生日大事典』（王様文庫）他多数。

シーズンズＨＰ　http://www.seasons-net.jp/

櫻井秀勲（さくらい・ひでのり）

早稲田運命学研究会主宰。１９３１年、東京生まれ。東京外国語大学ロシア語学科卒業。文芸誌の編集者から31歳で「女性自身」の編集長に。当時、毎週１００万部の刷り部数を維持し出版界では伝説的存在。文芸誌の編集者時代に、芥川賞作家にして、手相学・人相学の天才ともいわれた五味康祐に師事。人相学・手相学をはじめとする「運命学」を直伝。以来、独自に研究を重ねながら、占い・運命学を活用。著作は『運のいい人、悪い人』（共著、きずな出版）、『運命は35歳で決まる！』（三笠書房）、『日本で一番わかりやすい運命の本』（ＰＨＰ研究所）など２００冊を超える。

早稲田運命学研究会　公式HP　http://w-unmei.com/

きずな出版

12星座で「いちばんお金持ちになれる」
牡牛座男子の取扱説明書
2017年4月25日　初版第1刷発行

監修　來夢、櫻井秀勲
著者　早稲田運命学研究会

発行者　岡村季子
発行所　きずな出版
東京都新宿区白銀町1-13　〒162-0816
電話　03-3260-0391
振替　00160-2-633551
http://www.kizuna-pub.jp/

ブックデザイン　福田和雄（FUKUDA DESIGN）
編集協力　ウーマンウエーブ
印刷・製本　モリモト印刷

ISBN978-4-907072-98-8

書籍の感想、著者へのメッセージは以下のアドレスにお寄せください
E-mail：39@kizuna-pub.jp

きずな出版
http://www.kizuna-pub.jp/

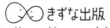